思想觀念的帶動者
文化現象的觀察者
本土經驗的整理者
生命故事的關懷者

Psychotherapy

探訪幽微的心靈，如同潛越曲折逶迤的河流
面對無法預期的彎道或風景，時而煙波浩渺，時而萬壑爭流
留下無數廓清、洗滌或抉擇的痕跡
只為尋獲真實自我的洞天福地

心靈工坊
PsyGarden

讓潛意識說話

催眠治療入門

Listen to Your Unconscious:
An Introduction to Ericksonian Hypnotherapy

趙家琛、張忠勛————著

目次

【推薦序一】在臺灣看見艾瑞克森的實踐

第一次遇到艾瑞克森（Milton H. Erickson）醫師是在1973年，我到亞利桑納州鳳凰城拜訪他。當時我是一位心理治療師，才剛獲得臨床心理學碩士學位。

我在社區心理衛生中心實習期間，第一次聽聞艾瑞克森醫師這個人和他的成就。我的督導是位催眠專家，我請教他是否願意教我催眠。出乎意料地，他答應了，並邀請我週末到他的診療室，對我進行一次催眠。到了約定時刻，我帶著一顆忐忑不安的心出現在他面前，我甚至緊張到不自覺地用手指頭不斷輕敲椅子的扶手。我的督導告訴我留心並專注在手指頭的動作上，他暗示我手指頭的動作會越來越慢，而且隨著手動作變慢，我會漸漸地閉上眼睛，進入催眠狀態。

這是我初次接觸到艾瑞克森取向的基本概念：善用。當時的我對艾瑞克森醫師一無所知，所以請督導推薦一些催眠相關文獻。督導建議我閱讀一篇艾瑞克森醫師的論文摘要，我照做了。這讓我瞠目結舌，印象深刻，艾瑞克森醫師的作法遙遙領先當時的心理治療師。之後，在攻讀臨床心理學博士學位期間，我寫信給艾瑞克森醫師並且常去拜訪他。最後，我甚至搬到鳳凰城，以便能就近向他學習。

我在1979年創立了艾瑞克森基金會，主要目的在訓練專業人員最新的心理治療技巧，並且將艾瑞克森醫師的貢獻發揚光大。

（欲知更多資訊，請參考我們的網站：www.erickson-foundation.org）

　　艾瑞克森醫師本身就是一個關於勇氣的傳奇故事。我初遇他時，他因小兒麻痺後遺症而必須靠輪椅行動。十七歲時，他罹患了小兒麻痺症，並瀕臨死亡邊緣。晚年，他那被小兒麻痺症所蹂躪的軀體已承載了多年的疼痛，他僅能靠著一半的橫膈膜和少數的肋間肌來呼吸，他有著雙重影像的視力問題且聽力受損，但是他依然綻放出生命的光芒，享受生活的樂趣。當他說：即使遭逢生命的苦痛與限制，你仍然可以享受生命。他絕非是唱高調或虛應故事，你可以當下親眼見到他是如何親身實踐這些目標。

　　艾瑞克森醫師個人無與倫比的天賦和他在專業上的成就相互輝映。他被視為是歷史上最具效能的心理治療大師之一。曾有人這麼說：佛洛伊德為理論增色，艾瑞克森為實務添輝。目前已有一百多本書，以不同的語言，書寫艾瑞克森取向心理治療。全世界有140多個艾瑞克森中心附屬於艾瑞克森基金會。而其中有兩個讓我感到自豪的中心就座落在臺灣。

　　過去十年裡，我常造訪臺灣。臺灣在心理治療和艾瑞克森取向心理治療的專業水準在亞洲地區稱得上數一數二。本書作者趙家琛老師和張忠勛老師兩位與我相識超過十年，是我的學生、同僚和好友，他們的學經歷足以勝任本書的撰寫工作。趙教授現任臺北市立大學教育學院院長和心理與諮商學系專任教授，她也是臺北艾瑞克森中心和華人艾瑞克森催眠治療學會的發起人兼理事之一，並擔任臺灣心理治療學會及臺灣臨床心理學會的重要職務。張老師也是臺北艾瑞克森中心和華人艾瑞克森催眠治療學會的發起人兼理事之一，目前正於臺北市立大學教育系教育心理與

輔導組攻讀博士學位。

在這本重要的著作裡，你可以瞭解催眠的基礎以及艾瑞克森醫師在催眠及心理治療領域的卓越貢獻。這是少數直接以繁體中文撰寫的催眠治療書籍，我很榮幸能夠為本書作序。

傑弗瑞・薩德（Jeffrey K. Zeig, Ph.D.）

米爾頓・艾瑞克森基金會（The Milton Erickson Foundation）執行長

www.erickson-foundation.org

【推薦序二】期待更多人「破殼而出」

　　當家琛院長請我幫她剛完成的新書——關於艾瑞克森的催眠治療的新書——寫序，我毫不遲疑地立刻答應，那是因為對家琛的臨床心理專業有十分的信心，腦子裡很自動化的出現「那一定是很棒的書」這句話。這句話其實也連結到三十多年來深深留在潛意識裡的抗拒。第一次接觸到催眠治療是本書中所提及的佛洛伊德在他建立其輝煌事業初期，曾經使用過催眠技術。儘管他很快就放棄了這項技術而以自由聯想取代它，但催眠於心理治療中的功能，則一直留在我心裡。大二時，殷教授來系裡介紹催眠於醫學上的應用，強化了這份好奇，卻也因為他提及「最好是在接受完整訓練的前提下，進行治療」，而我沒有機會獲得此項訓練，於是在心中留下了前進與後退的抗拒。之後，鄭心雄教授教導我們自我暗示的放鬆訓練，接著從德國留學回來的劉凱申學長帶回有關自律訓練的資料與初階的訓練，兩者都讓我從自我暗示的觀點，重複體驗Wolpe教授於系統減敏感法中所採用的想像法（imagination）。從協助百多位動物恐懼症患者克服其恐懼的過程中，可以整理出個案「想像」的清晰真實程度與治療效果有很大的關係，也注意到Wolpe教授所強調「需要協助個案離開想像回到當下」原則的重要性。進一步學習角色演練技巧、空椅子技巧，以及在陳珠璋教授指導下學習心理演劇，更深刻體驗了「進入角色」的自我暗示的過程與效能。這些體驗一直強化殷教授所

交待的「需要在完整的訓練後實施」，心中的抗拒也只有加深而沒有消退。我曾經找到艾瑞克森相關的著作試著減輕這項抗拒，但適得其反；我可以很有自信地操作自我暗示的技術，但更「不敢」嘗試催眠技術。

所以，拿到初稿立刻一口氣讀到底。作者從催眠治療的歷史以及艾瑞克森本人的「歷史」凸顯出催眠治療的特徵以及艾氏催眠治療的特徵，再進一步介紹催眠治療，讓我學習到艾氏的心理治療不只是催眠治療。艾氏的生命故事充分彰顯作為一位心理治療師的「本人的人生觀與待人處世的態度」才是最重要的「治療元素」，而尊重每一個人「且能隨著他（她）的語言、想法、價值觀……」的完全接納是最重要的「治療原則」，至於催眠技術於心理治療中的使用，則可以有事半功倍的效能。我很高興有機會能再度瞭解艾瑞克森的治療典範給予世人的恩澤，以及有系統地瞭解了催眠技術於心理治療中的運用原則與可能的效能。只是，就如同本書中也在多處提及「催眠技術的恰當使用」以及最後對「新手」的建議，也一再反映出殷教授的提醒。希望本書能鼓勵許多臨床專業的工作者，都獲得完整的催眠治療訓練，造福更多需要「破殼而出」的人們。

吳英璋

國立臺灣大學心理系名譽教授

【推薦序三】心理治療藝術之旅

　　這是一本關於催眠治療的專書，內容相當引人入勝。拜讀之際對作者深感佩服，文字淺白，然而句句專業；篇幅不多，卻涵蓋周延；雖然以催眠為核心，但是讀來彷如經歷了一趟心理治療藝術之旅。若不是作者熟諳艾瑞克森之道，難以臻此功夫。

　　1989年，我初次接觸催眠治療。某基金會邀請Dr.Jaime Bulatao,S.J 來台帶為期限三天的催眠治療工作坊。Bulatao教授任教於菲律賓馬尼拉雅典耀大學（Ateneo de Manila University）心理系。該校創立於1859年，是馬尼拉的頂尖學府。當時Bulatao教授說菲律賓人不善言詞，比較不適用 Rogerian 學派的治療方式，催眠治療則很適用。

　　他說催眠是幫助人們學習與自己的潛意識語言溝通的媒介，若明白自己的潛意識語言，有助於瞭解自己，正如本書的書名「讓潛意識說話」所揭櫫的意旨。那次的學習，為我的諮商師之路奠下很重要的基礎。回顧當年的筆記，有幾項重要的學習是：回到童年看自己的成長過程，看到自己為什麼成為今天的自己；不要怕接觸內心深層經驗，去感受自己的經驗，不要阻止自己哭泣，哭是很好的機會去整理自己的情緒；相信自己的潛意識能解決問題；有效的東西是自己的經驗，而不是理性的分析；催眠是通往情感的橋梁，催眠幫助案主回去「再經驗」過去，並達到改變經驗的目的，即讓過去的經驗有個結束（ending old experience），進而往前開展。

　　趙家琛教授是國內知名的臨床心理學家，久仰其大名。趙教授是將艾瑞克森學派引入臺灣的領導人，並創辦「華人艾瑞克森催眠治療學會」，致力推廣與宣導正確的催眠治療觀念。

　　初次見到趙教授是在2004年，她舉辦一場7小時的「艾瑞克森學派催眠治療法」，該場演講為進入艾瑞克森學派學習的前哨。接著同年，趙教授邀請該學派的催眠治療大師 Jeffrey K.Zeig 來台主持共6天的初階與進階的工作坊。我恭逢其會，倍覺珍貴。

　　張忠勛老師是諮商心理學界的後起之秀，可謂青出於藍。忠勛在大學期間主修數理教育，卻對諮商與輔導有濃厚的興趣，主動修讀與旁聽諮商領域課程。約在1994年左右，他來旁聽我的「個案研究」課程，勤學好問，猶記得他當年寫的個案分析，雖然青澀，但學習態度積極，讓我印象深刻。今日他在催眠治療上的成就，除了他過人的聰穎天賦，悟性特強之外，鍥而不捨的投注心力在催眠治療的學習，更足以做為後學者之楷模。

　　本書雖然談催眠，對我個人最受用的卻是艾瑞克森的人性觀和治療哲學。他沒有刻意提出一個完整的理論架構與模式，但他說了許多治療師應奉行的經典語錄。大師強調每個人看待世界的觀點是不同的，每個人都是獨一無二，催眠只是一種治療工具，治療師必須能因著個案不同的生命經驗，不著痕跡地將催眠語言融入治療中。治療策略必須讓個案能夠產生屬於他自己切身的經驗，他說生命需要努力奮發，他對生命的體會和尊重，讓我既佩服又感動。對照自己所經驗過的催眠治療訓練，本書讓我的學習脈絡有如被梳理過般，概念變得清晰與統整，在先前的工作坊中之所見與所為，也都有更高層次的理解，更明白其所以然。

　　兩位作者傾其功力寫成本書，對有志學習催眠治療的同好們，提供了最佳的入門之鑰。對於心理治療領域的相關人員，同樣的彌足珍貴。我深感榮幸能受邀寫序，並得以先拜讀大作，受益匪淺，特為之序。

曾端真
國立臺北教育大學副校長、心理與諮商學系教授

【作者序一】那些伴隨我的聲音

趙家琛

> 「我的聲音將會如影隨形般地與你同在,化成你的父母、老師、鄰居、朋友、同學、玩伴的聲音,也化成風和雨的聲音。」
> ——艾瑞克森

　　從小我是個愛做白日夢的人,記憶中,南臺灣的豔陽天,坐在教室靠窗座位的我,常自在地享受暖陽微風的出神時刻,或是雷陣雨的午後,聽著嘩啦啦的雨聲發呆,兀自想像踏雨飛奔的爽快。多年後,才瞭解我常不知不覺中體驗到的恍惚狀態就是某種形態的催眠狀態。

　　猶記2001年的夏天,帶著疑惑與挑戰的心情,隻身赴美國亞利桑納州鳳凰城,參加艾瑞克森基金會所舉辦為期兩週的初階與中階催眠治療工作坊,自此展開我學習艾瑞克森取向心理治療與催眠治療之旅,彈指間十二個年頭過去,這旅程已成為我的生命探索之旅,時而引發一些困惑,時而獲得一些啟發。

　　閱讀艾瑞克森,不難發現他善用其醫學與心理學的訓練、廣博的知識以及豐富的潛意識資源,打破許多傳統心理治療觀念的框架與限制,「為每位個案創造一套新的療法」。艾瑞克森尤其善用催眠技巧來促進個案的學習與改變,他慣用「我的聲音將會如影隨形般地與你同在」這句話,與個案保持密切接觸,促進治

療效果的內化。

　　從最初與北區艾瑞克森讀書會的夥伴——錦鋒、憶華、韋欽、鴻儒、忠勛，大家發想寫書，轉眼即將十年，很高興終於能和忠勛一起完成大家共同的心願——透過文字介紹艾瑞克森的人生故事與治療理念。我深信，艾瑞克森取向心理治療的時代已來臨，他的睿智、幽默，彈性、創造力以及善用資源的能力將被更深地理解、欣賞與學習。

　　臺大心理系的訓練開啟了我探索人的好奇心，在從事心理專業學術與服務的生涯中，遇到許多貴人，臺大心理系的柯永河與吳英璋教授、美國亞利桑納大學的 Sidney Bijou 與 George Knight 教授，艾瑞克森基金會的 Jeffrey Zeig 與 Stephen Gilligan 博士，從他們身上，我深深感受到科學研究者的嚴謹、臨床工作者的務實，而他們的聲音也一直伴隨我、啟發我探索每一個相遇的生命。

　　艾瑞克森曾說：「在成長過程中，我們總是認為自己必須完成任務。事實並非如此，我們不見得非要一鼓作氣地完成任務。」這番話對於常面臨分身乏術及寫作瓶頸的我極有幫助，過去堅信必須等到休假年才能動筆的我，發現一味地認定寫作必須一氣呵成的自我設限，反而阻礙了自發的創造力與靈感。於是我開始調整自己的步伐，採用「開始與中斷」的循環策略，一步步地完成了這本小書。

　　本書得以付梓，特別要感謝心靈工坊的桂花和士尊，因為他們，我與忠勛終於走完最後一哩路。最後，感謝家人的一路支持與打氣，謹以此書獻給他們。

【作者序二】把你的心識攪動攪動就好了

張忠勛

　　從踏入催眠和助人工作的領域屈指算來已經將近二十年了，這本書從初構想到成書，轉眼也將近十年了，很高興能夠和趙老師一起完成這本書，完成我們的一個小小心願。

　　很多人都會好奇，到底艾瑞克森醫生是用了什麼神奇的方式來治療病人？當我在和工作坊的學員說明艾瑞克森用的技巧時，很多學員都很疑惑：為什麼艾瑞克森可以創造出這麼奇妙的治療技巧？

　　借用另外一本書中的小故事：

　　在《超越身體的療癒》（心靈工坊出版）這本書中，提到一位免疫學家波利申科詢問哈佛的專家，某個在波士頓的治療師是如何進行治療？這位哈佛的專家回答：「很簡單，他只要把你的心識攪動攪動，你的病就好了。」

　　某天這位免疫學家在實驗室感到不舒服，全身無力，回家的路上，他想不妨去找那位治療師，看能不能有所改善。他一進屋就看到一位蓬首垢面、愛喝酒的肥胖男人，癱在沙發上看肥皂劇。他鼓起勇氣提出治療感冒的要求。這個癱在沙發上的術士盯著電視機，伸手在地上拿起一瓶裝著紫色溶液的小瓶子，告訴免疫學家：「去浴室放滿半浴缸的水，把這倒進去，泡個三十分鐘，就會好了。」

　　他照著做之後，突然覺得自己的行為荒謬至極，難以自抑地

笑個不停，等他穿好衣服走到客廳，術士還在全神貫注地看著電視，只告訴他：「現在你沒事了。」

開車回家的路上，他覺得自己漸漸好轉，好到可以回去工作。那天他工作到很晚，晚上回到家脫了衣服準備睡覺，他告訴太太白天的有趣經驗，太太突然大笑，他轉頭往鏡子一看：他的腰部以下全是紫的。這不就和艾瑞克森常做的一樣？「把你的心識攪動攪動，你的病就會好了。」

希望這本書也能夠把讀者的心識攪動攪動。

能夠完成這本書，真的要感謝非常多人，特別是這本書的共同作者趙家琛老師，能夠和她共事是我的榮幸，從她身上我學到的不只是知識，還有人生的智慧。

在專業的這條路上，我遇到非常多的貴人，包括艾瑞克森基金會的執行長，也是我們的老師 Jeffrey Zeig 博士，從他身上我得以見識到大師的風範。

從過去到現在，我一直遇到很好的老師，特別是一路陪我走來的曾端真、周麗玉兩位師長，沒有他們對後學晚輩的提攜，不會有今天的我。

這本書的完成，我特別要感謝心靈工坊的桂花姊和編輯士尊，有他們的全力協助，這本書才得以成為一本可以跨越專業和通俗的著作。

最後，我要感謝我的家人，包括養育我的父親和母親，可愛的大哥和姐姐，還有我兩個可愛的小天使：小妞和小球。

當然，這本書我要獻給我不可或缺的另一半：惠雯，感謝你的包容和支持，因為有你，所以我才知道什麼是「每個成功的男人，後面都有個賢慧的女人。」

【緒論】關於催眠的迷思與事實

　　講到「催眠」這兩個字，你腦海會浮現出什麼樣的景象呢？是一個穿著神祕的男子站在舞台上說著指令，然後讓一群人跳舞？還是躺在躺椅上，回溯著自己的前世？

　　沒錯！催眠在大眾的心中，似乎都和魔術、前世今生這些帶有神祕色彩的詞彙畫上等號，大家總是帶著既期待又怕受傷害的心情，來看待這個在古代文明時期就已經存在的身心整合技術。除了催眠本身的神祕色彩外，坊間也充斥著林林總總的催眠課程，有些標榜藉由催眠知悉前世，有些則鼓吹潛能開發，當然也有催眠治療，甚至還有催眠豐胸。但是，到底催眠是什麼？又可以幫助我們改變些什麼？

　　催眠乍看之下是這樣的過程：一個號稱是「催眠師」的人，對另外一個或一群「被催眠者」說著一些催眠「引導語」或是催眠「暗示」，然後，被催眠者就會從清醒狀態慢慢閉上眼睛，進入催眠狀態。接著催眠師會繼續陳述他的引導語，有時被催眠者會張開眼睛，看起來好像清醒了，但催眠師會用一些先前陳述的「催眠後暗示」，讓被催眠者張開眼睛執行這個暗示；如果沒有，催眠師就會用倒數或是彈指的方式，讓被催眠者慢慢從催眠狀態清醒過來，回到當下。

　　且讓我們先記住這個大致的過程，我們後面會再一一說明。

　　當催眠被大眾重視，甚至掀起熱潮時，大眾受到傳播媒體炒

作的影響，誤認催眠是一種魔術或是娛樂秀，甚至將之視為進入前世的工具。拜當年的一些前世催眠暢銷書之賜，很多人都知道前世催眠，但真正的催眠又該是怎麼一回事？是不是每個人都可以看到自己的前世？看到前世真的可以改變我現在的問題嗎？

在這本書中，我們並不打算去探討前世是否存在的問題，站在學理和臨床實務的觀點來看，前世催眠受到宗教信仰和催眠師的影響非常大。一個有趣的現象就是，國外基督教文化並沒有前世的概念，所以經由催眠而引導出前世經驗的個案，就比東方文化的催眠個案少。因此，個案看到的是真正的前世回憶，還是個人想像的內容，存在著很大的爭議。國外也有許多研究認為，個人對於催眠的想法確實會影響到自己在催眠過程中所經歷到的事物。所以催眠中出現的「前世」是真的前世？還是當事人想像出來的「前世」？就很令人懷疑了。

我們可以先把前世是否存在的爭議擱下，去探討兩個更重要的問題：第一，是不是每個人都可以看到自己的前世？第二，看完前世，然後呢？

首先，不是每個人都可以在催眠師的引導下進入催眠狀態。原因有許多，或許是個案對催眠師和催眠情境的信任不足，也可能是個案個人因素。如果無法進入催眠，自然就沒辦法看到所謂前世，這時候個案要怎麼辦？對於那些以前世催眠為目標的工作者而言，或許可以把這個狀況歸因於個案不願意配合，或是時機未到等。但是對於那些內心徬徨、需要求助的個案而言，助人工作者的一句「你不夠專心」可能是另外一個打擊。因此，真正的助人工作者必須深思的是：「前世催眠」是不是真正有效的助人工具？

　　第二個問題更有趣了。看完前世之後，就算個案對自己的現況產生了新的理解，清醒後個案要如何面對現在和未來？比如說：有人看完自己的前世後，明白自己之所以被丈夫虐待，其實是來自於上一輩子的冤孽、她是來還債的等原因，然後呢？選擇繼續被對方虐待嗎？當然不是！或許，她會用更寬恕的心來面對丈夫，或許，會想結束這樣的婚姻，總而言之，重點不在於她看到了前世，而是當下的醒悟和改變。這樣說來，前世催眠或許就只是促成個案醒悟的一種方式。但與其將前世回溯當成改變的唯一方法，不如將改變的焦點放在如何用更多樣的方式促進個案產生醒悟。

　　除了前世催眠之外，很多人看過催眠舞台秀之後，會以為催眠是一種控制別人的操弄技巧。特別是催眠舞台秀的催眠師經常在催眠之前加上一段如「等一下，你會發現不管怎樣，你都沒辦法張開你的眼睛，你越用力就越張不開」的指導語，接著，大家就會看到被催眠者彷彿使出吃奶的力氣，但眼皮就是無法打開。於是，大家對舞台催眠師充滿了敬畏，天底下竟然有這樣神奇的人，具有這樣神奇的魔力！

　　可惜的是，真相並非是如此。如果真的身懷這樣的魔力，催眠師何必藉著舞台表演來掙錢混飯吃？只要找個機會接近有錢人，然後就一輩子不愁吃穿了（筆者們也不必辛苦寫書或是演講了）。古往今來，除了輾轉聽來的流言之外，我們真沒看過有這樣的事發生。真正神奇的是什麼呢？答案或許出乎各位意料：我們每個人的腦子。受限於腦神經科學研究的不足，對於為什麼會產生催眠現象，學界還沒辦法提出很好且廣受認同的答案。但可以肯定的是：催眠雖然可以達成一些看似神奇的效果，但是真正

決定和主導催眠過程的是被催眠者，而不是催眠師。

催眠並不是噱頭，也不是舞台作秀，而是一種能幫助人改善生活、成長獲益的工具。在進一步探討催眠之前，我們先列舉出一些關於催眠的迷思與經過嚴謹科學證實的事實。

1. 催眠看起來很像是一種特殊的狀態，那麼催眠危險嗎？

答案：否。由具有資格的臨床工作者和研究者進行催眠時，催眠並不是一種危險的程序。真正有危險的，是催眠的誤用和濫用。

2. 電視上被催眠的人看起來很像是接受催眠師指令，變得任人擺佈，所以容易被催眠與否和人格特質有關嗎？容易被催眠是不是代表容易受騙？哪些人容易被催眠？容易被催眠是不是代表自己耳根子軟，容易受人擺佈？

答案：否。容易進入催眠狀態，並不代表容易受騙，或有什麼人格上的缺陷或特質。研究者把在催眠實驗中比較容易進入催眠狀態的人，以人格測驗施測，和不容易進入催眠狀態的人作比較，對照兩組受試者人格特質是否有差異，結果是否定的，兩組受試者間並沒有存在著明顯的差別。

其實被催眠的能力並非取決於特定的人格特質（例如：個性軟弱、意志薄弱等），臨床經驗甚至還發現，高智力者反而在催眠工作中表現較好。所以，臨床催眠工作者最好能學習接受眼前個案的特質和行為模式，並且以此為基礎來作運用，以達到催眠的效果。

3. 被催眠的人眼睛都閉著，代表他們睡著了嗎？

答案：否，催眠狀態並不是一種類似睡眠的狀態，兩者間的腦波圖明顯不同。催眠不等於睡眠，閉上眼睛只是比較容易進入催眠狀態而已。

4. 催眠狀態是不是一種異於平常的神奇狀態？會不會有什麼特別的境界產生？

答案：否。有趣的是，大多數被催眠者在描述進入催眠的經驗時，都表示和他們心目中所以為的催眠狀態不一樣。這些描述大多像是一種注意力集中在催眠師所給予暗示的專注狀態上，這些體驗和他們從媒體、小說中所得到的預期經驗有所不同。正因如此，常常有被催眠者在結束催眠後告訴筆者：我覺得我根本沒有進入催眠耶！

5. 催眠師是不是可以操控被催眠者？催眠師本身是不是具有什麼特殊的能力？

答案：否。進入催眠與否的決定權，其實是由被催眠者所掌握，而不是催眠師。被催眠者在催眠中仍保有對行為的控制、也可以拒絕對暗示作回應，甚至具有反抗暗示的能力。更值得一提的是，催眠治療的效果取決於被催眠者做些什麼，而非催眠師做些什麼。換句話說，催眠其實是取決於被催眠者的努力和能力，更勝於催眠師的技巧。

催眠師透過運用個案的經驗、在個案接納的情形下進行催眠，所以催眠是雙方關係的真實呈現。催眠只有在個案專注且放鬆的情形下才得以進行，如果個案本身不接納催眠，治療師也無

法強迫個案進入催眠狀態。即使催眠師使用間接的技巧來催眠個案，個案也可能以專注與否，來呈現他們的抗拒。更精確地說，催眠者只是引導個案去經驗催眠，當個案願意接受，才有催眠過程的發生，進而達到改變的目的。

6. 被催眠之後，是不是會不省人事？

答案：否。被催眠者在催眠中可以很清楚地覺知到外界的聲音和變化，而非不省人事，但是，為什麼有時候被催眠者會覺得自己只聽到催眠師的聲音，而聽不到其他聲音呢？其實，這是因為人的意識本身就具有選擇能力，心理學上有個很有名的效應稱為「雞尾酒會效應」：我們在很吵雜的宴會中，注意力依然可以集中在與某個人的談話中，而忽略背景中的其他噪音（這是不是很熟悉呢？特別是聽到遠處有人提到自己的名字，好像在講自己壞話時）。所以，被催眠者只聽到催眠師的聲音，並不足為奇。

7. 催眠之後，是不是會完全忘記剛剛發生的事情？

答案：否。其實在催眠中自發產生的失憶很少見，大多數的人都能記得催眠過程中所發生的事件，催眠中因為專注所產生的失憶和一般所講的失憶不太一樣，就像我們專注在有趣的電視節目時，手頭上依然可以從事熟練的工作，但是節目演完後，我們卻很難記起手頭上工作的細節和過程。況且，想要防範催眠性失憶的產生，藉由告知被催眠者他們被催眠過程所中所發生的事，就可以減少這種狀況的發生。

8. 舞台秀上的被催眠者看起來都好像只是配合演出而已，他們是假裝的嗎？

答案：否。多數的被催眠者並不是假裝進入催眠狀態，但也不僅是順從催眠師的暗示而已。有趣的是，催眠中常常出現弄假成真的狀況，很多人都抱持著假裝進入催眠的心態來踢館，結果他們真的被催眠了。

9. 催眠是不是可以回溯記憶？可以幫助我回溯童年時期的記憶嗎？這樣回溯的內容可靠嗎？

答案：否。研究顯示，催眠並不會增加記憶的精確性，也不會增加記憶的深度和廣度。催眠主要增加的，是被催眠者對回憶內容的信心，也就是說，他們會更加相信催眠中所出現的記憶內容。所以，催眠並不是一種回復記憶的可靠方法，相反的，催眠可能產生出虛假記憶（false memories），也就是捏造出來的回憶內容。

10. 是不是有什麼神奇或特殊的技巧，可以讓我們更快、更有效的進入催眠？是不是每個人被催眠的能力都是固定的？

答案：否。不管是直接的、傳統的口語催眠引導技巧，還是間接的暗示技巧，對於引導人們進入催眠狀態的效能其實都差不多。許多類型的催眠引導都是有效的，但在臨床上，針對不同的個案採用適合的技巧，效果會更好。另外一方面，一個人進入催眠狀態的能力大體上是可以改變的，許多人一開始很難進入催眠，但在經過想像訓練並且對催眠產生積極正面的態度之後，他們就和那些較容易進入催眠狀態的人一樣，能對催眠暗示做出回

應,換句話說。透過訓練,多數人都可以產生催眠反應。

11. 催眠是不是都是好事?

答案:否。催眠經驗其實是主觀的現實,這些現實包括我們對世界的觀點、價值、對於行為對錯的觀點以及情緒的特質。這樣的觀點下,暗示其實可能產生幫助,也可能造成傷害。唯有治療師妥善地運用催眠技巧,才會對個案產生幫助,反之,則可能造成傷害。

12. 催眠中會在違背自己意志下做出不想做或說出不想說的事情嗎?

答案:否。洗腦這件事情是存在的,被控制也是可能的,但這些情境不必然是在催眠的狀況下發生,更可能是在被逼迫的環境下,迫於生存需要而發生的,就像有人拿槍抵著你的頭,逼迫你說出不想說的話一樣。但是,當生命威脅移除時,是否存在著洗腦這種事,其實還有很大爭議。到目前為止,我們沒有看到催眠可以改變意志的任何相關研究和實驗。

13. 被催眠會危及我的健康嗎?

答案:否。這個迷思對於人們接受催眠是最具阻礙性的。更該思考的是:是誰在執行催眠?因為催眠本身並無傷害性,但能力較差的催眠師,可能會忽略個案的心靈複雜度,因而造成傷害。正式的催眠引導是一個吸收(absorb)過程,個案的專注力聚焦在某個事情上,可能是某個想法、某個聲音,或是某個內在的經驗。在催眠過程中,個案會經驗到自己緊張、壓力等症狀的緩

解，就放鬆效果而言，任何個案都可以在催眠中得到利益。

14. 既然催眠無害，所以催眠完全不會傷害到任何人嗎？

答案：否。催眠本身並不具傷害性，但錯誤的診斷、不適切的內容，或催眠治療師無法有效引導個案，可能會造成一些傷害。事實上，在任何助人的關係中，經驗不佳或受訓不足的助人者，都可能對個案造成傷害。換言之，催眠是一個工具，並不具有神奇性，也不是完全沒有傷害性，任何一個治療師在進行治療之前都要經過足夠的訓練，才能對個案帶來真實幫助，而不是造成傷害。

15. 透過催眠進行治療，會使個案更依賴催眠師嗎？

答案：否。相較於其他的治療方法，催眠並不會更鼓勵個案依賴。依賴在某方面來說是必要的，而且每個人都會有某種程度的依賴。在助人工作中，人們尋求幫助，並會依賴治療師的幫助，讓自己舒服而被照顧。治療師知道，治療的終極目標是讓個案建立獨立的能力，催眠治療的最終目標也是如此。

16. 被催眠者會在催眠中被困住（stuck）嗎？

答案：否。催眠會牽涉到心智的聚焦，不論是對內還是對外，所以當你在專注時，你是不可能被困住的。會有這樣迷思，主要是因為有時催眠師會要個案醒來，但個案卻仍停留在催眠狀態中，讓不熟練的催眠師感到焦慮。這種情況並非個案被困住，而是個案選擇不結束催眠。這個情況發生時，最好的作法就是提供一個建議，讓個案在適當的時候結束他的催眠。

17. 是不是一定要透過語言引導的儀式才能進入催眠？

答案：否。當你真正嫻熟於催眠後，你會更能瞭解當一個人專注在自身的內在狀態，且內在的連結被引發時，他更容易進入催眠，而非憑藉外在的儀式或語言引導。甚至，催眠現象也可以在沒有催眠師的語言引導下自動產生，所以，語言引導並不是必然存在的。其實我們日常生活中有相當多的腦部運作過程是沒有經過意識層面思考的自動化歷程（像是開車的時候，你或許會和旁邊的人聊天，甚至就不自覺地往平常習慣走的交流道開下去，而沒注意到開錯路了！），有些學者就認為催眠和這些自動化歷程有很大的關連。

18. 簡單來說，催眠就是放鬆嗎？

答案：否。催眠是一種經驗專注、全神貫注的體驗，所以被催眠者雖然會放鬆，但催眠與放鬆還是有差別的。並不是所有的催眠都必須在放鬆、坐著並閉上眼睛的情況下發生，在催眠的現象中，也有警覺的催眠（alert hypnosis），或是清醒的催眠。這些情況下，個案被給予指示要專注於某些活動，在身體活動時雙眼睜開，在準備好的情況下被給予催眠的引導，且被暗示產生各種催眠現象。催眠現象其實可以在說話、閱讀及各種狀況中自然發生。

19. 催眠是否具有控制他人的能力？金光黨的受害者為何都會宣稱受到他人迷惑催眠，而在恍神狀態下交付財物呢？

答案：否。很多人受到舞台秀或是媒體的影響，誤以為催眠具有控制他人的能力。但根據科學實驗與我們的實務經驗，催眠中被催眠者具有絕對的自我控制能力，每個被催眠者對接受催眠

師暗示與否，都有主控權。

如果舞台催眠師具有完全掌控被催眠者的能力，那麼在舞台催眠秀表演時，催眠師直接下台對觀眾加以催眠即可，何必要事先的篩選呢？如此一來催眠表演的難度會減低許多，也不會出現舞台上有人突然脫離催眠狀態的尷尬場面。顯然，控制他人是不可能的，只要被催眠者不願意，催眠師便無法引導被催眠者進入催眠。

另外一方面，如果金光黨真的能夠拍拍受害者的肩膀就讓受害者乖乖交出財物，金光黨徒也不需要三人一組用那些老掉牙的謊言（他是很有錢的白痴，只要看到錢就會把錢給人家等等）騙取受害者到金融機構把錢領出來，然後再趁機掉包。金光黨只要直接到金融機構門口拍打那些領錢人的肩膀，他們不就乖乖把錢給歹徒了嗎？我們並沒有看到過這樣的受害過程或是敘述，因此，說催眠具有操控他人的能力，顯然不是事實。

20. 催眠是否會讓人一睡不起？或者是昏迷？

答案：否。從過去到現在的文獻中，我們也完全沒有看到這樣的記載或敘述。催眠只是引導被催眠者進入另一種意識狀態，這種意識狀態和睡眠、昏迷都不完全相同。雖然催眠可以改變人的生理狀態，例如：血壓、脈搏等等，但是這些改變並不會讓一個人昏迷。

有些時候，我們會在報章雜誌或是媒體上看到有催眠師把人催眠到一半，結果發生意外，催眠師無法繼續催眠下去，但是被催眠的人卻還陷在催眠狀態中。是不是如果沒有完成催眠程序，這些人就會繼續停留在催眠狀態中，直到催眠師把他們喚醒？多數的催眠狀態下，被催眠者如果沒有繼續接受催眠師的引導，被

催眠者可能會轉入睡眠狀態，直到睡飽了醒來，或是被人叫醒（不一定是催眠師）。根據筆者帶領工作坊的經驗，我們也常常發現學員在練習催眠的時候，因為引導過長、內容過於沈悶，被催眠者事後給予的回饋是聽著聽著就睡著了，或者就開始思考起自己所要想的內容，並沒有發生昏迷不醒的現象。

21. 催眠到底可以拿來做些什麼？減肥？戒煙？

答案：催眠在臨床上的應用非常廣，目前有醫學實證的包括緩和慢性疼痛、分娩疼痛、治療創傷後壓力症候群、失眠、憂鬱、體重控制等，對於末期病人的安寧照顧也有很好的效果。但是我們必須強調，這些必須是在受過專業訓練的心理衛生工作者在實驗控制條件下進行的研究。換句話說，這些研究中的催眠都由專業人士進行，過程中生、心理都受到監控和保障。同樣的，以催眠進行減肥或戒煙，當然是可行的，但是這絕對不是「好！等一下當你張開眼睛的時候，你就會非常討厭香菸……」這樣簡單催眠的暗示就會有效果的。在進行心理治療的時候，我們常常發現個案的症狀往往有其背後的意義，例如：很多人抽香菸其實是在緩和情緒、抒解緊張，例如：有些人會在工作的休息時刻抽煙以調適心情。因此，如果要進行催眠戒煙，並不是直接把抽煙行為拿掉就好了，戒煙之後的生理狀態改變（通常體重會稍增加等等）都必須加以追蹤掌握，此外我們也必須提供其他緩和抒解情緒的方法來替代，才能減少個案復發抽煙的機率。

在這本《讓潛意識說話：催眠治療入門》中，我們除了希望透過嚴謹的科學實驗結果來破除大眾對於催眠的迷思，並增進心理衛生專業人士對催眠的認識之外，我們更希望介紹一位影響近

代心理治療甚鉅的催眠治療大師：米爾頓・艾瑞克森（Milton H. Erickson，1901～1980）。

為什麼我們會特別介紹這位催眠治療的傳奇人物？這和心理治療的演進，以及催眠在學界的日益受到重視有很大的關連。人類一直被自身的生理和心理問題所困惑，從佛洛伊德開創的新紀元開始，心理治療便隨著科技的進步和社會的演化慢慢轉型改變。近些年來，心理治療師開始專注如何盡可能在最短的時間內，解決個案問題，這樣除了可以提升治療的效益，也合乎經濟的成本效益，短期心理治療因此應運而生。

這種治療的取向著眼於短時間內解決個案現階段的問題，與過去的心理分析有所不同：短期治療並不去深入探討個案的過往經驗，或者是進行深層的人格分析，治療的重心在於找到個案的資源來解決當下的問題。這樣的治療取向對於心智功能健全，卻困惑於生活問題的一般大眾而言，更加的平易近人。不消耗過多的時間、以解決問題為導向，對現今當紅的自我成長運動而言，也深具啟發意義。在短時間內學習到有效的技巧來自我調適，更是生活忙碌的現代人必備技能之一。

艾瑞克森醫師所發展出來的心理治療取向，就是一個很值得作為借鏡的短期治療取向。身為精神科醫師，艾瑞克森本人就是一個傳奇故事，他自幼就有多重障礙，除了學習障礙之外，還是個音痴和色盲。年輕時罹患小兒麻痺，幾乎要了他的命。縱使從死神手中逃過一劫，他卻沒能躲過隨之而來的病痛，長期的病痛侵襲更讓他不良於行，晚年必須仰賴輪椅，但是他卻從未因為這些障礙而被擊敗，反而利用這些苦痛來砥礪心智。他精彩的一生，我們會另外開闢一章來介紹。

在艾瑞克森醫師求學和行醫的那個年代，心理治療和臨床催眠都屬於萌芽階段，對這兩個領域都充滿好奇的他，透過自己的嘗試摸索、無比毅力和專業訓練，把催眠從怪力亂神和舞台秀的大眾印象中，提升為一種有效的心理治療和醫療輔助工具。

艾瑞克森最為人所熟知的就是他的催眠治療技巧，他透過許多直接或間接的引導方式來幫助個案解決問題。其實，他並不刻意強調催眠在治療中的必要性，他把催眠視為一種治療的工具、方法，卻不是必然的途徑。他還在治療中大量使用軼事、隱喻、家庭作業、雙關語、刁難個案等與傳統大相逕庭的治療方式來幫助個案改變。這些獨樹一幟的方式，也深深影響了近代的心理治療，讓心理治療不再只是個案躺在椅子上述說自己的過去而已。心理治療從過往由治療師來解析個案內在的做法，轉變成更積極主動地幫助個案走向改變。

希望這本書的問世，能夠讓更多人有機會看到催眠心理治療的不同面向，也能對充滿趣味和人生哲理的艾氏治療風格有更進一步的認識。在述說這些故事前，我們先從催眠這個古老的治療技術開始談起。

【第一章】催眠的故事

〔第一節〕催眠的發展史

「催眠」的溯源

　　催眠一直伴隨著心理治療的發展而演進，甚至可以說，就是催眠，激發了近代心理治療的發展。事實上，我們可以說，催眠一直努力從怪力亂神回歸到科學。

　　先說說「催眠」這個詞吧！「催眠」乍聽之下就是「催人入眠」的意思，但它和睡眠關連不大，而是進入另外一種意識狀態，只不過，過去沒有腦波圖這些儀器，學者專家分辨不出其中的差別，所以他們只能摸著石頭過河。現今英文裡面所廣為使用的「催眠」（hypnosis）一詞，可以回溯到十九世紀蘇格蘭醫師布萊德（James Braid, 1795-1860），這詞由他所命名並廣泛為人所接受。但是，催眠的歷史可不是那麼短暫而已，它可以追溯到半個世紀之前風靡歐洲的「動物磁力術」（animal magnetism）或是「梅斯默術」（Mesmerism）。

　　上述說法，是用科學解釋催眠的濫觴，若從動物磁力術一路上追催眠的源頭，則可以從古代的治療儀式中找到蛛絲馬跡。

　　催眠演化的關鍵之鑰，在歇斯底里（hysteria）與惡魔附身兩者間的糾葛中。

所謂歇斯底里，在現代醫學中被視為是在認同、知覺和行為控制上有明顯轉變的精神異常，而且出現在女性的比率高過於男性。以現代的觀點來看，理所當然會被視為一種心理疾病，可是在古代卻非如此。

值得一提的是，一些過去被視為和歇斯底里有密切關連的症狀，現在卻恰好是催眠研究時必備的催眠標準化測驗中的一些指標行為。由研究者朗讀引導語（或者稱為暗示）來引發被催眠者表現這些行為，並根據這些行為的顯現與否來測量被催眠者的催眠反應。所以，過去的異常也可能是現在的正常行為呢！

朦朧時期

催眠的演化過程，得從古埃及的歇斯底里症（hysteria）與中世紀的驅魔儀式說起。在遠古埃及，歇斯底里症因為多發生在年輕未婚女性，而且會出現一些如痙攣、月經失調、頭痛、全身無力等症狀，而被視為是子宮的移動造成身體受影響的結果，當時，主張以煙燻來讓子宮回到原先的位置。現在英文中的「hysteria」這個字表示非常地情緒化及發狂的行為，就是源自於希臘文的「子宮」（hystera），希臘人主張以懷孕做為治療方式。

歇斯底里症與子宮游移兩者間的關聯一直延續到中世紀，當時對歇斯底里症病人改用禱告來取代之前的療法。

到了科學革命興起的十七世紀，人們對歇斯底里症有兩種截然不同的解決方式：醫學界和教會。醫學界和教會對於歇斯底里症狀，一個是做出「歇斯底里」診斷，另一個則是做出「惡魔附身」的結論。這兩種不同的看法，也衍生出完全不同的處理方式。

　　當時在治療上，會先讓病人使用被認為有效的藥物，假如服藥後無起色，或是有其他超自然力量介入的證據，病人就被會交給所謂的「靈魂的醫師」，之後，便直接由神職人員做診斷。

　　十八世紀慕尼黑的蓋斯納（Johann Joseph Gassner, 1727-1779）神父就是相當典型的例子。他會要求病人跪在他前面，簡單詢問她的姓名、病況，並告誡她不管發生什麼事，都必須遵守他的命令。接著他會很嚴肅地以拉丁語宣佈：「假如這個疾病有任何超自然力量介入，我以耶穌之名命令它立刻現形。」病人聽到後，會立刻痙攣，他所說的話（或引導），便證明了痙攣是由邪靈而非自然的疾病所造成，而此刻，他正展現的力量，則已經超越了惡魔，接著，神父會用拉丁語命令惡魔，當事人身體某些部位則會產生痙攣，他接著依序喚起悲傷、愚蠢、深思、憤怒等等的外在徵兆，甚至是死亡徵兆。

　　這種驅魔儀式與現代舞台催眠秀存在著許多相似處，雖然蓋斯納認為是神在幫病人除魔，但當時也有很多人對他的做法提出質疑。這種難以解釋的驅魔術，引起大家對這領域的好奇。

啟蒙時期

　　在十八世紀的啟蒙運動下，超自然的解釋不再受寵，惡魔附身和子宮游移的說法，被符合當時科學潮流的動物磁力論取代。動物磁力論是一位維也納醫師，梅斯默（Franz Anton Mesmer, 1734-1815）的創見。梅斯默採用極具戲劇性的治療方法，他播放音樂，旋轉一根被磁化的鐵棒，並用這鐵棒來碰觸病人的身體。

這些利用碰觸來治癒病人的方式，隨著科學進步，有了更科學的理論解釋。對梅斯默來說，當時最先進的研究就是剛萌芽的電磁學，因此，他也試圖透過當時的電磁學理論來詮釋催眠。

不過，梅斯默並不是第一個把電磁學套用在人體身上的人。最早運用礦物磁力這類的概念來治病的，是十五世紀晚期的龐旁納提阿斯 Petrus Pomponatius（1462～1524），他提到磁性物質可以治療疾病，在他的觀點裡，能夠運用磁力，就能夠影響血液和精神。後來，一位德籍的瑞士醫師帕拉賽爾蘇斯（Paracelsus，1493～1541）則相信，來自星體間的磁場會影響心智，而地球所散發出來的磁場會影響身體。這種磁場的影響，他將之稱為「祕密之王」（the Monarch of Secrets），這種力量同時兼具正反兩種性質。既然磁場可以治癒疾病，反之，當身體自身的磁場失調時，就會導致疾病。基於這樣的假設，他將磁石放置在病人身體上，藉此改變病人身上失調的磁場（有趣的是，這樣的概念到現在仍然沒有消逝不見，坊間的磁石飾品就是最好的例子），這樣的概念進一步影響到被譽為近代催眠之父的梅斯默。

梅斯默在這樣環境下運用了磁力的原理：假如一個人把一塊磁鐵放在另一個人（受術者）的眼前，他或是她就會變得呆立不動。假如在另外的範圍移動磁鐵並進行磁化，對方就會特別容易接受那個時候所提出的暗示，受術者的疼痛就會消失。許多其他的疾病也可以在磁石的力量下消除。

然而，梅斯默很快地找到一個令人困惑的發現：德國的蓋斯納神父已經在施行一種很像磁力治療的方式，但神父卻只用手而不用磁鐵，這似乎和磁力理論有所衝突。

為瞭解答這個疑惑，梅斯默仔細觀察蓋斯納神父的治療，並

且發現自己不用在手上握著一顆磁石也可以達到同樣的效果。梅斯默認為讓病人獲得治癒的巨大能量並非侷限在金屬上面，醫師能透過碰觸來消除病人病痛和症狀，代表人體本身也具有這樣的能量。因此，他用「動物磁力」（animal magnetism）來表示這種透過「按手禮」（the laying on of hands）達成治療的宇宙間力量。

梅斯默相信有一種肉眼看不見的磁力流體充斥著宇宙。根據他的理論，這種流體就是產生引力、磁力與電力的原因，同時對人體也會產生深遠的影響。磁力流體的不平衡會導致神經性的疾病，而治癒這些疾病的方法就是透過梅斯默術來重新建立流體的平衡。

第一位接受梅斯默術的患者是一位年輕的維也納女性，她因為帶有痙攣及其他歇斯底里症狀而向梅斯默求診。在施行正統醫學治療卻毫無成效後，梅斯默決定嘗試在病人身上使用磁石。根據梅斯默的說法，這種方式的效果會在症狀獲得紓解之後，產生一些疼痛的感覺。接下來的治療，更能夠使她在曾經發作過的部位產生同樣痙攣。梅斯默亦發現，他可以藉由碰觸或點出病人身體的部位，使之產生痙攣。他非常自豪地將這個現象展示給其他人看。

梅斯默針對這位女病患所施行的磁力治療技術，逐漸地使她康復，這個成功的案例，也替梅斯默帶來更多新病人。這些新病患也都會產生類似痙攣的反應，因此，將病人突發性出現痙攣作為療程轉折點，成為梅斯默術最大的特徵。接受梅斯默術治療的病人會帶著狂野的眼神，大哭、大笑、尖叫，甚至是滿地打滾，直到最後陷入昏迷，這些激烈反應，甚至被視為是治療的必經歷程。

　　以現在科學的眼光來看，這當中有個錯誤，就是把催眠所產生的結果，當成是進入催眠狀態的徵兆，不光是梅斯默，這樣的錯誤在催眠的歷史過程中可說屢見不鮮。

　　除了催眠暗示所導致的身體痙攣現象，梅斯默的另外一位弟子普賽格（Marquis de Puysegur），則是發現了另外一個催眠狀態所產生的現象：夢遊。他的病人大多是在他城堡周邊的農民。普賽格在接受梅斯默術訓練的時候，就不太喜歡以痙攣當作治療轉折點的概念，所以他也不會刻意告訴病人這個催眠特徵，而他的病人，就不太像梅斯默的病人一樣，產生嚴重的痙攣。

　　其實，催眠中的夢遊也是暗示所導致的結果，所以當施術者對這種所謂的「人工夢遊症」（artificial somnambulism）越來越感興趣時，患者所產生的痙攣轉折也就越來越少，相反的，夢遊變得越來越常見，使得夢遊取代痙攣，再度被誤認為是梅斯默術的歷程。

　　西元1778年，梅斯默移居巴黎，他的治療在當地深受歡迎。治療事業的蒸蒸日上，使他開始思考怎樣同時間對多個人進行治療。這樣的需求，促成他開始使用大桶的磁化水來進行團體治療。這種療法是利用一個大約一英尺高的圓形橡木桶，放置在一個掛著厚窗簾、僅有些許柔光的大廳正中央，病人圍繞著桶子排成好幾排，用鍊條讓病人相互連結。除了物理的環境之外，氣氛也很重要，所以，當這些病人在等待大師出場之際，還可以聽到隔壁房間傳來鋼琴或口琴所發出的悅耳旋律。當病人沈醉在這種氛圍時，大師梅斯默就會身穿淡紫色高級絲織外套，彷彿是花蝴蝶一般，用優雅的姿勢手持長鐵杖一一碰觸病人身體。被碰觸到的病人就會彷彿觸電一般，身體不由自主地開始痙攣。如果鐵杖

沒有效果，梅斯默也會用他的手來磁化年輕女性，透過手來施壓患者身體，直到患者產生痙攣為止。

　　樹大招風，梅斯默的成功促使許多醫師同業開始對梅斯默產生懷疑與擔憂（這多少也衝擊他們生計），在眾多醫師要求下，法國政府決定對梅斯默術展開調查，並且由法國國家科學院指派一個具有官方身份的委員會來主持。這個委員會成員來頭不小，也包括了一些當時著名的學者專家，譬如因在雷雨中放風箏證明閃電而聞名，當時正擔任美國駐法大使的富蘭克林（Benjamin Franklin）、現代化學的創始人拉瓦錫（Antoine Lavoisier）與以針對心身問題的醫學解答而聞名且支持使用斷頭台的吉約丹（Guillotin）醫師等。

　　這些委員以官方身份來調查梅斯默術的真實性，但是他們的科學家本色，讓他們設計出一系列至今仍可說是極具巧思的實驗，並且驗證得出結論：梅斯默術的效果是來自於「對施術者的想像與信念」，而非所謂的「動物磁力」。這些在十八世紀所做出的實驗結果可說是當頭棒喝，成功地證明催眠現象取決於人們對於治療程序的信念，而不是程序本身。至今，很多人仍然誤以為有所謂的催眠大師，其實大師的催眠之所以有效，是源自於被催眠者對大師的信任！

　　這個官方委員會的結論，對梅斯默可說是晴天霹靂。梅斯默原本如日中天的聲望瞬間從雲端跌落，雖然他試圖用科學的觀點來解釋催眠，但是委員會認為梅斯默術的效果是導因於想像力的宣判，等於是宣示梅斯默術並非真正有效。但是，有一位梅斯默術的支持者提出了一個相當好的見解：「假如想像力的治療是最有效的方法，為何我們要摒棄不用呢？」也就是說，我們更應該

去探究為什麼想像力會是個有效的治療方法，而不是束之高閣，棄如敝屣。但不幸的，這樣的觀點沒有被接受，很多學者只因為催眠被冠以不正確的解釋或是被污名化，就避之唯恐不及，忽略了催眠的正面效益和啟發。梅斯默術雖然在學術界沒落不起，但是動物磁力術理論聲稱磁力賦予人們超自然力量，助長了催眠的神祕性，一直延續到今天。

委員會的調查結果，對於催眠的科學發展是無情的一擊，但在麻醉劑發明之前，梅斯默術應用在大型外科手術上緩解疼痛，卻有顯著的成功。舉例來說，蘇格蘭醫師埃斯代爾（James Esdaile，1805-1859）就在印度使用梅斯默術來進行了上千次的低風險外科手術以及數百次大型外科手術，包括大型陰囊腫瘤切除。

梅斯默一生努力想把催眠帶入正統的醫療體系當中，也試圖透過科學理論來解釋催眠（只可惜用錯了理論），他沒有完成的任務，由他的學生與信徒們輾轉經由其他的國家，接續了下去。

科學研究時期

十九世紀早期，催眠終於有了翻身的機會。首先讓催眠在專業上重振的是十九世紀的蘇格蘭醫師布萊德（James Braid，1785-1860）。其實布萊德一開始對催眠也是抱持著懷疑的態度，他對於舞台示範中藉由凝視一個閃亮物體而讓受術者受磁化作用，感到印象深刻。但是，他對於磁性流體這樣的理論說法，卻非常不以為然。他提出另外一個大膽假設：被催眠者是導因於神經性的壓抑，從眼睛（藉由凝視所造成的緊繃）流回大腦造成一種類似睡眠的狀態。布萊德借用希臘神話裡的「睡神（hypnos）」之

名，將這個現象命名為神經性睡眠（neurohypnosis），簡稱為催眠（hypnosis），也是現今催眠這個字的英文由來。

但催眠的本質與睡眠其實不同，布萊德日後雖然發現錯誤，也試圖想要改換名稱，但這名詞已經普遍被接受，只好將錯就錯，沿用至今。同樣的問題，也出現在中文翻譯上，「催眠」這個詞也容易讓人誤以為就是引導進入一種睡眠狀態，催眠治療師必須要花費功夫去對個案說明，以免造成誤解。

隨著催眠經驗累積，布萊德瞭解到，被催眠者的行為大部分是受到催眠師所傳達出來的想法和預期所影響，因此修改了早期對於神經抑制的理論，發展出凝視亮點的催眠方式。他利用放手術刀的盒子，在盒子頂端挖個洞，讓設計好的光源從盒子的小孔透射出來，叫被催眠者雙眼凝視這個小的發亮點，再加上一些引導技巧，就可以讓被催眠者在不自覺中進入朦朧，也就是被催眠了。這個方式日後也成為催眠中普遍使用的眼睛凝視技巧。

雖然布萊德修改了他自己對於催眠的理論解釋，但他早期所提出關於神經性睡眠的概念，影響了著名的法國神經生理學家沙考（Jean Martin Charcot，1825-1904）。沙考並沒有全然接受布萊德的概念，他研究那些被診斷為歇斯底里的病人，並且相信催眠和歇斯底里都反映出一種神經性的缺陷，並據此推論只有歇斯底里的病人能夠被催眠。

根據沙考的理論，催眠有三個階段：昏睡期（lethargy）、僵直期（catalepsy）和夢遊期（somnambulism）。每一個階段都是經由不同的引導所產生，且每一個階段都和特定且彼此互異的行為症狀有所關聯。昏睡期是經由眼睛凝視所產生，並且會形成一種似睡狀態，在此階段人們無法對刺激做出回應。僵直期則是由

一個強烈、突然的刺激（像是一道強光或是一聲巨響）所激發產生，並且會引發像蠟像一樣的僵直狀態。夢遊期則是三個階段中最難產生的狀態，需藉由對頭部的施壓而產生。沙考相信僅有在這個狀態下，病人可以聽、說並對暗示做出回應。僅有症狀最嚴重的歇斯底里才會出現全部階段，而它們的出現可以被詮釋為一種生理性病理的指標，也就是在他的理論中，只有精神病患者才會出現催眠的現象。

在同一個時期，布萊德的催眠術理論還影響了來自於法國南錫鎮的利布萊特醫師（Ambroise-Auguste Liebeault，1823-1904），他透過臨床實驗，發展出一套「口語引導」，不需要經由凝視亮點，即可將個案引入放鬆的催眠狀態。可惜的是，這套方法剛誕生時乏人問津，一直到多年後，一位南錫大學的教授柏恩罕（Hippolyte Bernheim，1840-1919）對他的學說很感興趣，引薦了一個其他醫師都認為「無藥可救」的病人給利布萊特，並且想要拆穿他的說法，沒想到，利布萊特竟奇蹟式的治好了這病患。

於是柏恩罕邀請利布萊特到南錫大學作研究，兩人後來更一同創建了「南錫學派」，他們使用的便是「口語引導法」，認為催眠行為導因於暗示，催眠的產生純粹來自心理，而和生理的異常無關，他們並把治療重點放在治療者對病人的建議，也認為醫師和病人間要培養良好的關係，這些概念都替現代催眠奠定下良好的基礎。

不僅如此，南錫學派也拒絕接受沙考所提出的理論，也就是催眠和歇斯底里及某些特定的病理症狀有關的概念，相反地，南錫學派認為沙考會產生這些錯誤推論，是因為他在無意間暗示了

病患某些特定的行為，患者因此產生這些行為，沙考進一步錯誤推論這些行為是催眠的特徵。這個分歧導致了沙考學派與南錫學派間激烈卻短暫的論戰，沙考的理論在後來完全被推翻，他自己本人也在去世前承認自己的看法有誤。然而，這場論戰卻促成了心理動力學的建立與成長，南錫學派對於催眠的概念則成為二十世紀催眠理論、研究與臨床實務上最主要的基礎。至此，催眠已漸漸被研究領域所接納。

雖然沙考的理論落敗，沙考的學說卻仍影響了日後的「心理治療之父」佛洛伊德（Sigmund Freud，1856-1939）。佛洛伊德可說是心理學史上最有影響力的人物，但卻很少人知道他早年曾熱衷提倡催眠，自二十世紀以來，催眠在科學界和心理治療領域一直不受重視甚至被排斥，可能和佛洛伊德後來放棄催眠有關。

佛洛伊德曾受教於沙考，並開始接觸催眠，他支持催眠並用它來治療病人，還與科學界的友人布羅伊爾（Josef Breuer, 1842-1925）合作用催眠法治療病患。僅管他對催眠的研究相當成功，也很清楚催眠的功效，但到了十九世紀晚期，佛洛伊德卻拒絕在治療上使用催眠，並非他不認同催眠，而是他發現催眠時給病人的暗示效果並不持久；有些病人在過程中對治療師過於依賴，會把情感強烈地轉移到治療師身上；也有人說佛洛伊德因為戴假牙，導致引導語的發音不清而影響效果，最後乾脆放棄。無論是何種原因，佛洛伊德對催眠的排斥，使得催眠在二十世紀的前半被貶黜到醫學與心理學的邊陲地帶，二十世紀以來多數科學家不再重視催眠，催眠只能透過一些對催眠仍忠心耿耿的研究者流傳下來，直到第一次世界大戰才有了轉機。

第一次世界大戰爆發後，由於戰場上醫療設備嚴重不足，

止痛藥缺乏，學過催眠的外科醫師只能透過催眠麻醉來緩和病患的傷痛，或是在深度催眠下進行醫療。戰爭結束後，戰爭也對士兵造成了許多精神方面的問題，有些長年在戰場上經歷爆炸威脅的士兵，對於聲光或溫度會恐懼和過敏，產生了精神醫學上所謂的「恐懼症」或「精神官能症」。許多臨床醫師與心理治療師仍透過催眠治療來醫治病患，也使催眠再度受到臨床醫學界重視。美國醫學協會（American Medical Association）因此肯定催眠是一種有價值的醫療方式，AMA的這個重要決定使催眠重回醫學治療界中。

值得一提的是，美國學者赫爾（Clark Hull, 1884-1952）系統化的實驗研究，對催眠領域產生了重要的貢獻。他也鼓勵將催眠研究融入大學及其他研究機構當中，在他之前，治療師通常都是單打獨鬥，並侷限於以病人為研究對象，較缺乏整套的科學嚴謹程序。正統科學界儘管對催眠仍保持觀望，但赫爾的努力除了展現自己的研究成果外，也激發了一位學生對催眠的熱愛，使他成為二十世紀最著名的催眠治療大師。

西元1923年，一位年輕的心理系學生在赫爾的課堂上看到實際的催眠示範，大感興趣，並如法炮製且催眠他人成功。這學生就是艾瑞克森（Milton H. Erickson，1901-1980），他既研究催眠，也進行臨床治療，成為極具影響力的催眠臨床革新者與實務工作者。儘管艾瑞克森有些關於催眠本質的想法已經被研究所駁斥和修正，然而他所提出的許多創新技巧，隱含了臨床、認知、社會心理學研究的基礎，也重新創造催眠在臨床醫學與心理治療上的獨特魅力。

在艾瑞克森的努力推展下，催眠相關學術組織的影響力日

益增長，這些專業組織增加了橫跨各個專業領域（範圍涵蓋了醫學、心理治療、社會工作與牙科等等）的個人訓練與各項臨床技能。他所發展出來的治療策略和技巧，也促使心理治療朝向策略和焦點解決作為介入趨勢。此外，催眠方法適切的調整、對催眠現象更精巧的實驗驗證、使用催眠來回復記憶與解離性疾患治療方法的爭論、健康心理學的趨勢等，都驅使催眠進入今日臨床工作的主流之中。

艾瑞克森及其他催眠學者在1957成立年美國臨床催眠學會（American Society of Clinical Hypnosis, ASCH），他並擔任兩年的理事主席。同時，他也創辦了《美國臨床催眠期刊》，擔任首任編輯長達十年之久。這兩件事同時象徵著催眠從過去被視為黑魔術、旁門左道、舞台表演，蛻變為被學術界認可的研究領域。

艾瑞克森除了致力於催眠的學術研究之外，也開創了獨樹一幟的治療取向。有別於當時流行的精神分析與行為治療，他創造了一個以個案需求和資源為導向的治療方式，以特殊的技巧來幫助治療師看到個案的潛意識資源，並學習如何驅動這些資源。

二十一世紀的今天，站在前人的肩膀上，催眠仍然是個需要我們投入更多心力去瞭解與研究的專業領域。

〔第二節〕什麼是催眠？

催眠的定義

　　至今，學術界對於什麼是催眠仍眾說紛紜，沒有一個能被廣泛接受的定義，光是「催眠」（hypnosis）一詞，就可以涵括兩個層面，一個指的是將人引導進入催眠狀態的過程（hypnosis-as-procedure），另外一個層面則是經由前述過程所產生的狀態結果（hypnosis-as-product）。不光是英文如此，中文的「催眠」也同樣可以用來代表引導進入催眠狀態的過程，或進入這種狀態的結果。

　　在第一個層面中，「催眠」被視為是一個改變意識狀態的過程，然而，這個過程是否必然會產生催眠現象，引發了學者進一步的爭論：這是取決於被催眠者的態度（attitude）還是資質（aptitude）？一個人是否容易進入催眠，是受到他的態度影響、容易被改變？還是和人格一樣，是穩定的特質呢？

　　從早期梅斯默以動物磁氣說來解釋催眠開始，人們對催眠的定義的爭論就一直沒有結束過。近代學者對催眠的看法亦是包羅萬象，莫衷一是，包括：（1）催眠是一種心智狀態的退化（regression）；（2）催眠是養成的學習（acquired learning）；（3）催眠是一種解離（dissociation）；（4）催眠是有動機的參與（motivated involvement）；（5）催眠是角色參與（role enactment）。

　　也有學者認為催眠是「一種引導下的想像、知覺專注和注意

力的集中」，這種狀態非常類似於當我們專注在閱讀一本好書、看電影的狀態，甚至有些學者認為這些都是相似的狀態。

根據全世界最大的心理專業組織美國心理學會（American Psychological Association, APA）中的第三十分會「心理催眠分會」（Society of Psychological Hypnosis）在2014年對催眠所下的定義：

> **催眠**是一種意識狀態，包含專注聚焦及對週遭覺察的縮減，其特徵為對暗示做出回應的能力增強。
>
> **催眠引導**是一種用來引導產生催眠的程序。
>
> **被催眠能力**是指在催眠中個體能經驗到受暗示而產生的生理、知覺、情感、想法或行為等種種變化的能力。
>
> **催眠治療**：運用催眠在生理和心理疾患或相關問題的處遇。

APA的這個定義可說是折衷產物，裡面並沒有對催眠做出任何解釋，畢竟，要能夠讓對催眠抱持不同解釋的學者接納一個共同的定義，相當困難。特別是在催眠狀態下，被催眠者可能是專注的，卻也可能是意識飄忽的，要定義這種兼具截然不同現象的過程，確實比其他心理現象困難許多。

另外有一個較簡潔的定義（Elman, 1964），對於實際引導個案進入催眠狀態有很大的幫助：「催眠是一種繞過個人批判能力並且產生出選擇性思考的心理狀態」，這樣的定義很類似佛教的打坐或冥想、瑜珈等狀態產生的必須條件，這個定義雖然精簡，但也是筆者在實務經驗上認為相當能夠掌握催眠過程精髓的一個定義。

催眠下的角色差異觀點

從催眠者與被催眠者的關係，我們可以得到另一種關於催眠的理解，從二者的關係，定義了三種催眠的觀點：權威觀點、標準化觀點、合作觀點，這樣的分類使我們思考在臨床實務上的催眠是如何進行，也區別了舞台催眠、實驗性催眠和臨床催眠間的差異（表一呈現三種觀點的比較）。

1. **權威觀點**（authoritarian approach）：

權威觀點將催眠者視為是具有特殊心理能力的人，透過催眠者的暗示，比較敏感的被催眠者就會因此進入催眠狀態中。這種觀點特別強調催眠狀態的階段，也特別強調催眠者和被催眠者間不對等的關係。這種觀點常常造成某些特質的人特別容易進入催眠的印象，在這個前提下，女性也被視為是較容易接受催眠的一群人。而這個觀點也往往導致某些人不願意接受催眠，因為他們會有：如果我容易被催眠就是我個性軟弱等錯誤認知。

由於權威觀點重視催眠者的力量，因此，他們並不重視被催眠者的獨特性，我們可以在當年的梅斯默或現今的舞台催眠秀上看到權威的展現，抱持著這種觀點的催眠師會塑造出一種神祕、權威的形象，也會強調催眠術的控制力量。

2. **標準化觀點**（standardized approach）：

這個觀點衍生自實驗心理學，並不將焦點放在催眠者的力量，而是在被催眠者上。標準化觀點使用標準的作業程序和指示

語來對受試者進行催眠，為了摒除實驗的其他干擾，甚至會用錄音帶播放同樣的催眠引導，然後檢視受試者是否進入催眠狀態，或是根據受試者的反應，來決定他們進入催眠的深淺。因此，標準化觀點認為催眠的成敗取決於被催眠者，而不是催眠者。

但是，這樣的觀點有幾個問題：

（1）假設標準化的引導（induction）是引導每個人放鬆和想像不同事物的先決條件，也是衡量每個人可以進入何種催眠程度的標準，但是，標準化的程序是否適用於每一個人？不同的催眠方式是否也能讓被催眠者進入催眠？因此，這樣的前提是否正確，有待商榷。舉個簡單的例子：很多催眠引導是利用海邊或是某個特殊的場景來讓被催眠者放鬆，但是，如果被催眠的當事人剛剛好對這樣的場景有不好的回憶，甚至是創傷，就會很難順利進入催眠，然而，這並不代表當事人就是無法被催眠的。

（2）標準化觀點用被催眠者的反應作為催眠感受性的指標，並用來檢驗暗示有效與否。換句話說，如果被催眠者無法感受到催眠師所下的指令：「你的手臂會越來越沈重」，那他就不是好的被催眠者。但是，催眠也可以視為是一種體驗（experience），就像是愛、憤怒這類的感受一般，每個人都不盡相同，如果因為被催眠者無法接受這樣的催眠引導，就判斷他不適合被催眠，便太過武斷了些。在實際的催眠經驗中，我們也很容易遇到被催眠者會對催眠者的引導產生出乎預期的反應。在某些情形下，催眠者會要求被催眠者做出特定的反應，像是：舉起手指或是抬起手臂，但是被催眠者卻不見得會聽從，反可能因進入非常放鬆的狀態，整個人會像一灘爛泥一樣完全放鬆，這時候以標準反應作為指標就會有誤判的可能。試想：一個被深度催眠完全放鬆的被催

眠者，在動作類的指標上能夠得到分數嗎？如果不行，這會如何影響指標分數？

（3）標準化觀點的第三個問題來自於未能正視催眠感受性分數常受許多因素影響，這些可能影響因素包括：交替的引導策略、藥物、環境設定、特殊訓練等。這些因素若沒有被考量進去，便影響了分數的正確性。

3. 合作觀點（cooperation approach）：

許多近代催眠治療師都相信催眠反應真實地呈現了被催眠者的動機、興趣與治療師的彈性、敏銳度間的交互作用，也透露出治療師和個案間的治療關係。

有些臨床工作者認為：不論催眠治療師扮演怎樣的角色，個案的角色才是真正產生作用的關鍵。個案從能力、學習和整個人的親身經驗來產生作用，催眠治療師只能引導、指點、監督和提供個案產生改變的機會。為了要達成這個目的，他必須要瞭解整體情形和需要，完全地保護個案，並能夠促成治療。他必須接受與善用過程中的行為，而且能夠創造機會，並提供情境來造就個案的改變。

這樣的催眠師與被催眠者間的合作觀點根據了一個相當重要的原則：「善用」（utilization），也就是個案顯露出來的任何特質、行為、生活經驗，甚至治療中產生的抗拒，都可以作為發展出治療性催眠的有利線索和資源。與標準化取向的標準引導詞不同，合作取向會根據個案在治療過程中所展現出來的行為進行引導，所以每一個人的催眠治療過程都會是獨一無二的。

與前面兩個觀點不同的是，合作觀點並不強調催眠治療師

觀點的類型			
	權威觀點	標準化觀點	合作觀點
常見的情境脈絡	催眠舞台秀	實驗室	臨床實務上
目的	加深印象、誤導或娛樂觀眾	研究特定現象	製造轉化的機會
焦點	催眠師	被催眠者	合作關係
催眠師的溝通類型	直接且專制的命令	標準化和變化的暗示	極具彈性，隨個案模式而調整
被催眠者的一般任務	表現出怪異和不尋常的行為	遵從實驗指導語	在安全的人際脈絡下發展出深入的個人內在經驗
引導的長度	簡短的	簡短的	不一定，但通常長一些（30-60分鐘）
對於無催眠反應的解釋	被催眠者在「抗拒」	被催眠者對催眠「不具感受性」	治療師需要針對個案的特定模式再調整
主要關注的資料	被催眠者的行為	被催眠者的行為	個案的內在經驗與隨之而來的行為改變

註：根據Gilligan（1987）資料整理

所具有的能力，也不把他視為具有特殊能力的人；同樣地，在催眠治療的過程中，治療師必須根據個案的情形來選擇適當的催眠或治療方式，促動改變，而不是堅守固定、標準化的引導和治療流程。

　　權威觀點、標準化觀點、合作觀點的分類方式，有助於破除人們對催眠的迷思，在臨床工作上，被催眠者有沒有進入催眠，並不適合單純的用「抗拒」（權威觀點）或是「低被催眠能力」（標準化觀點）來判斷解釋，找到適當的方式來引導，才是實務工作者的首要考量。

〔第三節〕催眠現象

常見的催眠現象

　　長久以來，一般大眾對催眠最感到好奇的，就是超乎常理的各種催眠現象，我們總是會看到被催眠者彷彿是失去控制一般，任催眠師擺佈，或是出現匪夷所思的動作，如全身僵硬、被其他人踩在身上的「人橋現象」等。到底可能會出現哪些催眠現象呢？

　　大多數人都可以被催眠到某種深度，但每個人對催眠的反應卻各自不同。這裡有一個很重要的關鍵（對研究者而言也是個頭痛的問題）：我們怎麼知道被催眠者是否進入了催眠狀態呢？

　　被催眠者是否進入催眠狀態，有極大部分是根據自陳的催眠體驗報告，也就是由被催眠者主觀陳述自己被催眠的狀態和過程。目前學界還沒有一種公認的客觀生理評估儀器或工具，能夠確認被催眠者確實已經進入催眠狀態。

　　根據諸多自陳的催眠體驗研究報告，我們可以大致列出下面常見的催眠現象。但我們必須先強調，每個人的差異性極大，催眠現象也會因人而異，這裡縱使列舉出一百種催眠現象，在實際臨床工作上仍可能出現第一百零一種，所以，我們不會、也不可能完全列舉出所有的催眠現象。

1. 年齡回溯（age regression）

　　年齡回溯是一種記憶的體驗性延伸運用。年齡回溯現象的產生在於告訴被催眠者回溯到某個過去時間點，在此時此刻像是

重新體驗一般（稱為「還原」〔revivification〕），或者是讓被催眠者盡可能以鮮明的方式回憶這些經驗（稱為「記憶增強」〔hypermnesia〕）。這兩者間的差別在於，在「還原」時，被催眠者會融入經驗當中，感覺起來就像處在當時的情境裡；而在「記憶增強」中，被催眠者在栩栩如生地回想記憶當中的細節時，仍是處在現在當下。簡單來說，一個是重新體驗過去，一個則是回想過去。

2. 年齡增進（age progression）

年齡增進是對未來投射的運用。年齡增進現象的產生在於引導被催眠者進入未來，以讓他能夠有機會想像當下改變在未來造成的結果，或是擺脫過去日復一日的生活，產生新的不同。

3. 失憶（amnesia）

失憶是一種記憶的喪失，簡單來說就是忘記某些事物的經驗。很多人都以為在催眠中失憶會自然產生，實則不然。被催眠者想要記得暗示與催眠經驗，他就可以記住，若在過程中產生失憶，反而有可能忘記催眠過程，對治療產生困擾。值得提醒的是：有些人會以為可以用催眠治療來遺忘過去的痛苦經驗，譬如忘卻分手的女友，其實不然，反而有可能產生壓抑等副作用。

4. 痛覺喪失與麻木（analgesia and anesthesia）

這兩個詞一般會譯為止痛和麻醉，但在此為了區隔催眠所產生的現象和醫學上透過藥物所造成的止痛和麻醉，所以使用痛覺喪失和麻木。催眠引導產生的痛覺喪失與麻木是屬於不同層級的

身體知覺喪失。痛覺喪失指的是痛覺的降低，而其他能夠覺知到身體的感覺依然會留存下來，但是麻木指的是身體全部或部分完全或接近完全感覺喪失。

5. 僵直（catalepsy）

僵直不僅侷限在肌肉僵硬上面，而是被界定為某個特定的刺激產生聚焦專注，進一步連結產生自發性的動作抑制。這樣的反應可以包括眼神呆滯、行動遲緩、肌肉僵化、無意識動作和像是呼吸、眨眼、吞嚥這類的基本生理功能遲緩。

6. 解離（dissociation）

解離被界定為將整體體驗變成部分，或是將某部分的意識覺察放大而減低其他部分的覺察，包含了生理上的解離（例如：覺得自己的手不像是自己的）、心理上的解離（例如：說：感受到另外一個部分的自己）。

7. 幻覺和知覺改變（hallucinations and sensory alterations）

催眠幻覺是被催眠者接受引導所產生的脫離當下和客觀現實的體驗。幻覺在定義上，是一種非外界刺激（也就是非實際存在的刺激）產生的知覺體驗。幻覺包括了正性（positive）和負性（negative）幻覺。正性幻覺是產生不客觀存在現實中的知覺體驗（包括視覺、聽覺、觸覺、味覺、嗅覺），例如：說催眠者拿了一杯開水給被催眠者，並且暗示這是一杯檸檬水，而被催眠者喝了也真的覺得是檸檬水。又如告訴被催眠者旁邊有隻蒼蠅在飛，被催眠者就伸手趕蒼蠅等等，這些都是屬於正性幻覺。而負性幻

覺剛好相反，是讓被催眠者沒有體驗到現實中應該存在的感覺，例如：張開眼卻看不到旁邊的人。

8. 意念動力反應（iedodynamic responses）

人類的自動功能至少存在有三個不同層級：動作、知覺和情感。所謂意念動力反應，就是將想法轉化為動力，包括了意念動作反應（ideomotor responses）、意念知覺反應（ideosensory responses）和意念情感反應（ideoaffective responses）。意念動作反應是心理經驗的生理顯現，也就是身體無意識地對想法反應，就像是在聽演講時，聽到主講人講到一些讓人心有戚戚焉的議題時，聽眾就會不由自主的點頭（但是內心卻沒有刻意去察覺這個動作）。意念知覺反應則是指和暗示過程相連結的知覺自動化體驗，成語「望梅止渴」可以說是意念知覺反應最好的例子。意念情感反應則是和個人經驗所連結的自發情感反應，最常見的就是當我們在看一部感人的電影時，情緒自然地湧現，就是最明顯的意念情感反應。

9. 時間扭曲（time distortion）

對於時間的體驗是一種純粹主觀的經驗。有時候，我們對時間的感知會與客觀時間有所差異，因而感到時間過得特別快或特別慢。很多時候，被催眠者常在催眠結束時告訴催眠者：怎麼才幾分鐘而已？實際上已經過了好一段時間了。我們常說：歡樂的時光過得特別快，痛苦的時間過得特別慢，也可說是時間扭曲的兩大類型。

　　除了前面的現象外，我們還可以再列出一些常見的催眠狀態指標：如瞳孔放大、身體僵直、脈搏變慢、聲音的改變、呼吸的轉換、臉部的放鬆與平順、舒適與放鬆、吞嚥反射、眼睛的改變和閉合、身體的靜止等。

被催眠能力

　　什麼樣的人最容易進入催眠？要如何得知對方是不是容易被催眠的人？還有一個問題就是：被催眠者進入催眠狀態了嗎？這就是「被催眠能力」（hypnotizability）探討的相關領域。

　　催眠測量工具，是讓催眠被科學界接受的重要工具。過去三十年，來自保險公司、消費者和其他相關專業的需求，促使心理衛生研究者「實證支持療法」（empirically supported treatment, EST）的研究方向，使得心理衛生專業面對更大的壓力，致力於發展催眠的操作型定義，以提供更客觀的測量方法，以證明催眠治療方法有效。

　　相反地，有學者對臨床上使用催眠能力量表抱持反對的意見。有學者認為量化的測量工具僅能用在一般的催眠情境下，在特殊的催眠情境下，會誤導、干涉並造成帶有移情（病人把自己對某人的情感投射到治療者身上）的干擾，影響治療工作的走向。

　　也有學者認為，催眠能力量表並不能測量出在治療情境下的回應能力，且催眠能力量表的假設也不盡然符合治療情境，縱使知道個案的被催眠能力，也不保證治療的成功與否，充其量只能提升治療效率，讓治療師知道個案是什麼樣的被催眠者。如果是較容易有反應的個案，就用比較簡單、直接的暗示；比較沒有反

應的個案,則需要花費較多時間、用較間接的方式來引導催眠。

在催眠學術界的另外一位重量級學者,史匹格(Spiegel),則針對這樣的質疑提出修正。他認為,測量被催眠能力的潛在價值在於提升治療效率。如果被催眠能力能夠更迅速、更精確地被測量出來,可以避免不必要或是沒有治療價值的互動。他設計催眠引導側面圖(the Hypnotic Induction Profile,HIP)來評估被催眠能力,也可以用來衡量哪些個案可以從催眠治療或是一般的心理治療中得到最大的效益。根據史匹格的觀點,HIP不僅可以提供個案在解離、感受性和專注能力上的測量,也可以瞭解一個人是否適應調整,且可以集中注意、內化和調整新的觀點。HIP的假設是,催眠是一種由催眠治療師或被催眠者自身所誘發,帶有反應性專注的微妙知覺轉換,所以可以透過一些生理指標來加以評估和測量,整個評估大約花費十到十五分鐘。

催眠能力量表是測量些什麼?

首先要釐清的是,有些中文書籍採用「催眠感受性」、「催眠暗示性」等名詞來代表被催眠者進入催眠狀態的程度或是容易度,那這些又與「被催眠能力」有什麼不同呢?

當初參與編制史丹佛量表(SHSS)的維茲霍夫(Weitzenhoffer)則認為「催眠感受性」(hypnotic susceptibility)是指對暗示(suggestion)回應的能力,並且是做出非蓄意(non-voluntary)的回應。所以他們使用了「催眠感受性」這個詞彙。

有些學者則用比較中性的詞彙:「被催眠能力」。所謂的「被催眠能力」(hypnotizability)被多數專家界定為:在研究中針對被暗示體驗明顯回應的能力,且實質上是以個人因素為主而沒有加入人際互動或情境脈絡因素。在部分文獻中則是分

別用「催眠反應力」（hypnotic responsivity）、「催眠感受性」
（hypnotic susceptibility）、「催眠能力」（hypnotic ability）這
樣的字眼來描述。

坊間有些中文文獻採用「感受性」（suggestibility）或「接
受暗示性」等名詞，而本書採用「被催眠能力」（hypnotiz-
ability），是因為在中文中使用「受暗示性」這樣的詞彙也會容易
令人誤解催眠是一種失去控制的狀態，所以我們在書中盡量以被
催眠能力來代表這個概念。

這裡簡單列舉出一些常見的「被催眠能力」測試：

1. 雪佛氏鐘擺測試（Chevreul's pendulum）：

要求被催眠者用食指和拇指抓住一個用細線綁住的鐘擺並且
看著鐘擺。接著開始暗示被催眠者，鐘擺會開始擺動，鐘擺擺動
的幅度越大，被催眠能力越高。當然，這個測驗也可以修改成其
他方式，例如：預先在紙上畫個圓圈，中間再畫兩條相互垂直的
直徑，接著要求被催眠者順時針方向看著圓周和兩條相互垂直的
直徑相交的四個點，鐘擺就會隨之擺動，擺動幅度越大，表示被
催眠者越容易接受暗示。

2. 手臂飄浮（arm levitation）：

要求被催眠者將手臂輕鬆放置在大腿上，隨即引導被催眠者
手臂變得越來越輕，越來越沒有重量，接著手臂就會開始慢慢往
上飄浮，手臂飄浮越高，被催眠能力越高。如果被催眠者因坐在
椅子上較難以想像手臂飄浮，也可以讓被催眠者站起來，手臂平
舉，再開始想像。也可以將兩手平伸，一隻手想像上面綁了一串

氫氣球,另外一隻手上面放了一本厚書,一隻手變輕,另一隻手變重,如果兩隻手的距離拉越大,表示越容易進入催眠。

3. 雙手緊握測試（Coue hand clasp）：

同樣要求被催眠者輕鬆地坐在椅子上,雙手十指交叉緊握。催眠者給予引導:雙手開始卡住(想像被綁住、被膠水黏住等等⋯⋯),接著增強引導的強度:雙手越黏越緊,以致於雙手無法分開,被催眠者越努力就會越難分開。接著要被催眠者嘗試將雙手分開,如果無法分開就表示容易被催眠,反之則否。

4. 雙眼緊閉測試（eye closure and catalepsy）：

這個測試中的通用指導語在於「嘗試」和「做」這兩個部分,也就是:「你越努力去⋯⋯,你就會越難去⋯⋯。現在開始嘗試⋯⋯,現在你可以⋯⋯,盡量去嘗試⋯⋯」。以雙眼緊閉為例,催眠者可以引導被催眠者:「現在你的雙眼越來越沉重,你眼睛的肌肉也完全放鬆下來,所以眼皮會完全緊閉在一起,以致於你無法張開你的眼睛。你越努力去張開眼睛,你的眼睛會越難張開⋯⋯,現在你可以試著去張開眼睛,但是你會發現很難張開⋯⋯」,如果被催眠者雙眼確實無法張開,就表示容易被催眠。

5. 知覺轉換（sensory alterations）：

在這個測試當中,會給被催眠者手上握著一個物品,接著會引導被催眠者這個物品開始慢慢變熱,物品變熱的時間長短和變熱的程度,決定於被催眠者的被催眠能力。

　　進行這些測試時務必要注意的是：不論被催眠者是否能通過這些測試，催眠者一定要在結束前告訴被催眠者恢復正常狀態，也要確認進行測試的部位，例如：雙手，是否恢復正常。如果沒有進行確認，有可能會對被催眠者產生不良影響。

　　不管是採用什麼樣的方式來確認被催眠者是否容易進入催眠，或是催眠的程度如何，在臨床催眠上，也出現了兩種分歧：有些人認為在催眠治療前使用被催眠能力測試，可以方便治療師瞭解個案是否容易進入催眠，或是適合何種方式進入催眠；但是反對的人則認為，既然是從事臨床催眠工作，自然不能像舞台秀一樣，篩選容易進入催眠的人，不論個案是否容易進入催眠，都是治療師必須克服的問題，因此被催眠能力測試就不是那麼重要了。

催眠深度

　　催眠深度一直是個廣受爭議的議題。對於舞台催眠或是催眠表演者而言，催眠深度越深，越能夠讓被催眠者表演出一些討好觀眾的行為。有些醫療過程和實驗研究，亦需要深層催眠（例如：手術）。但也有許多其他情況，僅需要輕度催眠即可（例如：輔助醫療程序、腸躁症、乳突病毒和許多心理治療等）。研究者和臨床工作者一般會先評估個案的被催眠能力，接著是催眠深度能力。有一個常見的誤解，認為如果個案在某個廣泛使用的催眠能力量表上得到高分，他們就能在催眠過程中自動進入足夠的深度，然而事實並非如此。儘管在催眠能力量表得到高分，催眠治療師仍須盡力引導個案進入適當的催眠深度，在催眠過程

中，仍須持續透過個案對於催眠引導的接納和深化，來達成所需的催眠深度，並透過個案自己的陳述來加以確認。

對於催眠深度的界定，卡拉尼思克和霍爾（Crasilneck & Hall, 1985）兩人則根據他們的臨床經驗，將催眠深度區分為四個階段（表二呈現各階段的測試表現）。

1.**類催眠狀態**（hypnoidal）：

很類似清醒狀態下的放鬆，並且會出現一種可靠的我—你（I-Thou）移情關係。在這個階段當中，被催眠者發展出對催眠的安全與信任感。治療關係於此時建立起來並且逐漸深化。此時並不建議進行症狀的改變或進行催眠分析。

2.**輕度催眠狀態**（light trance）：

被催眠者開始宛如身處在和放鬆不同的狀態下，像是進入睡眠狀態一般，除了姿勢維持不變，對暗示的回應都會呈現出對催眠者的清楚覺察。

3.**中度催眠狀態**（medium trance）：

這個階段並不明顯，除非以特定的測試來加以確認。如果沒有加以測試，個案很快就會迅速地從輕度催眠狀態進入深度催眠狀態。

4.**深度催眠狀態**（deep trance）：

這個階段沒有辦法只憑觀察就能確認，必須使用測試（如：

階段	測試
似催眠狀態	眼皮眨動 身體的放鬆 閉上眼睛 肌肉無力的感覺
輕度催眠狀態	無法張開雙眼 深沈且緩慢的呼吸 漸漸加深的無力感 僵直（catalepsy）
中度催眠狀態	手套似麻木（Glove anesthesia） 部分失憶
深度催眠狀態（夢遊）	幻覺（hallucinations） 有能力張開眼睛而不影響催眠狀態 廣泛失憶 催眠後麻木和痛覺喪失 年齡回溯（age regression） 催眠後正性與負性幻覺 嘴唇蒼白

註：根據Crasilneck & Hall（1985）資料整理

知覺喪失或是保持在催眠狀態中張開眼睛）來確認被催眠者是否已進入此一階段。一個可能的觀察線索就是，被催眠者嘴唇周邊緊鄰皮膚黏膜邊緣大約一公分的區域，會有蒼白的現象，這個現象通常代表被催眠者已進入夢遊狀態，且會持續到被催眠者離開催眠狀態後約一分鐘。

其實，針對催眠現象、催眠深度和被催眠能力這三者之關係，一直有很多爭議：究竟不同的現象、深度或能力，是導因於催眠者的引導？還是被催眠者自身的差異？以催眠深度為例，被催眠者表現出某些現象，真的代表了他進入了某種催眠深度？而反過來，沒有這些表現，就代表他沒有進入這樣的深度嗎？有沒有可能是因為被催眠者雖然進入同樣的深度卻不願意（或是不能）對暗示做出回應？這其中的癥結是導因於催眠者的暗示，或是被催眠者自身的其他問題？諸多疑議，讓催眠深度的劃分一直沒有公認的標準。

由於存在這些問題，臨床上大多不會刻意，也沒有必要強調個案進入的催眠深度。強調催眠深度大多是基於學術研究或是舞台表演的需要。但是對臨床催眠來說，大多數的治療在輕度到中度催眠狀態下進行即可，太過深沈的催眠狀態反而容易使個案遺忘整個過程，導致效果不彰。如果進入到中度或輕度催眠狀態即可，就沒有必要讓個案進入深度催眠，刻意強調深度催眠反而會混淆治療的目的。

【第二章】催眠魔法師：艾瑞克森的故事

〔第一節〕艾瑞克森的早年生涯

大師的誕生

　　聽到艾瑞克森這個名字，很多人直覺就想到提出人格發展階段論的艾瑞克‧艾瑞克森（Erik Homburger Erikson）？不過我們在此要介紹的，是當代的心理治療大師米爾頓‧艾瑞克森。米爾頓‧艾瑞克森在國內的知名度雖不及艾瑞克‧艾瑞克森，但是他對心理治療的獨特見解，及其所發展出來的催眠治療模式，在心理治療界具有相當廣泛的影響力。

　　艾瑞克森數十年的專業生涯直接或間接地啟發了許多當代的治療學派，例如：策略治療、焦點解決治療、神經語言程式學、敘事治療等等。即使在過世超過三十年的今天，他對心理治療界的影響力仍有增無減。1980年艾瑞克森的家人與弟子為了紀念他，在美國成立了米爾頓‧艾瑞克森基金會，致力於整理、傳承、推廣他的心理治療觀點與催眠治療模式。迄今，全球已有一百多個艾瑞克森中心，經常舉辦工作坊，提供有興趣者學習艾瑞克森取向的臨床應用方法，另外，也已有超過一百本以上的專書，直接或間接地介紹艾瑞克森取向治療。在艾瑞克森過世的1980年底，基金會也首度舉辦了艾瑞克森取向催眠及心理治療國

際研討會，當時有兩千餘位來自二十個國家、各種治療學派、各種專業訓練背景的助人工作者與會，為心理治療界開創了一個前所未見的對話平台，也奠立了五年一度的「心理治療的演化國際研討會」（the Evolution of Psychotherapy Conference）的基礎。

艾瑞克森於1901年12月5日誕生於美國內華達州一個小鎮的礦工家庭，排行老二。為了生計，1904年艾氏家族坐著篷車從內華達州遷徙到威斯康辛州，父親轉業務農，先後擔任過牧牛人和農夫。艾家原本有11個孩子，最後只剩下二男七女存活。艾瑞克森從小在威斯康辛州接受基礎教育，他天生有紅綠色盲，又是個無法分辨音樂節拍的音痴，小學時還出現某種程度的閱讀和學習障礙，但是這些障礙沒有阻礙他發展，反而為他的生命添加了許多傳奇，並且成為治療生涯裡強而有力的資源。

童年的啟蒙

艾瑞克森自幼即對事物充滿好奇心，喜歡深入研究問題並加以解決。治療中發展的「善用」（utilization）原則可以追溯到他的早年經驗。他出生時家境貧困，手邊的任何東西都必須善加利用才能維生，或許是受到幼年生活儉約的影響，艾瑞克森在從事治療時，往往會善用最少的資源，以最簡單的方式，來幫助個案突破困境。他的治療是以個案為導向，而非以症狀為導向。所以，面對兩個有相似困擾的個案，艾瑞克森會因他們不同的人格與生命經驗，而使用完全不同的治療方式。這也是艾瑞克森能夠留下許多膾炙人口的治療故事的原因之一。

艾瑞克森的治療帶有的豐富性與多樣性，來自於他天生獨特

的知覺特點。他的學習障礙與色盲給他的親身體驗，讓他瞭解每一個人看待世界的觀點是不同的。他面對自身的缺陷沒有怨天尤人，反而充分享受這些缺陷帶給他的樂趣，例如：他的色盲使他只能對紫色有最強的感覺，因此，他身邊到處都是紫色的事物，甚至他早期的一些著作封面也是紫色的。

艾瑞克森在回憶過去的學習經驗時，曾經提到他一直到六歲才發現「3」和「M」這兩個符號長得不一樣。這個發現不是立即的，而是如同他所說：就像是突然靈光乍現。他發現M是用四腳站立低頭吃草的馬，而3則是仰頭舉起前腳的馬，這種體驗讓他知道「一些出人意料之外的方式往往能打破舊有的窠臼和僵局」。

由於先天的缺陷，他更加好奇他可以從自身的困境和障礙中學習到什麼。也因此，在治療時他不斷提醒自己必須「加入」個案的知覺世界，而不是頑固地要求他「回到真實世界」。

好奇的年輕階段

艾瑞克森年輕時很熱衷於探討「什麼力量讓問題一直存在」，並且好奇「如何利用這些力量來解決問題」，他的觀察力和好奇心，伴隨著他一輩子對人類行為的研究與臨床工作。他在十歲的時候，還嘗試研究與測試祖父種植馬鈴薯方法的有效性；十四歲時，艾瑞克森在《威斯康辛農民刊物》上發表了他的第一篇文章，題目是：「為何年輕人要離開農場？」（Why Young People Leave The Farm?）數年後這篇文章又被重新刊登，對艾瑞克森當時的觀點依然非常支持，也顯露出艾瑞克森終其一生熱愛以寫作發表個人心得的興趣。

　　十七歲那年，艾瑞克森染上小兒麻痺症，當時他只剩下聽力、視力和移動眼球的能力，說話也變得非常困難，然而他卻展現出驚人的意志力。在病情最嚴重的一天，他無意間聽到醫師告訴他母親，他可能活不過今晚。醫師顯然低估了他的求生意志。

　　艾瑞克森下決心要能夠看到當晚的落日，遂要求母親調整梳妝台的位置，希望能利用梳妝台的鏡子從窗戶看到落日。有趣的是，艾瑞克森是如此地期望能看到落日，以致於在後來回溯這件事的時候，認為自己當時其實已經進入自動催眠狀態，因為隔著大樹和籬笆，他竟然還是看到了落日，之後他陷入昏迷達三天之久。以當時的醫療水準而言，人們對於小兒麻痺症的治療與復健所知有限，不難想像對艾瑞克森來說，他的存活與復原是多大的一個挑戰，甚至是一個奇蹟。

　　不僅病魔帶給他苦難，漫長的復健更是嚴酷地考驗著艾瑞克森的意志力，然而對他而言，這反而因禍得福，因為這過程讓他有機會深入觀察每一個人的行為和肢體語言，成為他日後從事治療的一大本錢。當時為了讓癱瘓的艾瑞克森方便如廁，房間的中央放了張搖椅，有天當他坐在那裡時，對於四周的環境有些倦怠，希望能夠將椅子移到窗戶旁邊，以便看到窗外的農場。那張搖椅開始慢慢地搖動了起來，艾瑞克森注意到這個現象，做出了一個結論：他的意志一定有轉變成微小的肌肉神經衝動，也就是他癱瘓的身體是有機會能夠移動的！喜好作實驗的艾瑞克森立刻將原先設下的目標——移動那些不可能動的部位，轉變成擴展能夠動（雖然只是最小的移動）的部位。這如同他日後從事心理治療的概念：治療的重點是聚焦在正向的能力上並且擴充改變，潛意識所造成椅子細微的移動，成為日後艾瑞克森所認為的「潛意

識過程導致行為上的改變」的一個實例。

艾瑞克森針對特定肌肉的運動擬定了非常詳盡的復健計畫。例如：當他想要鍛鍊手的時候，他會努力地回想各種他曾經抓過的東西，來訓練手掌的開合。他會看著手部任何細微的抽搐或是小動作，然後逐漸擴大這些小小的成功。他從中學習到，即使只是意念到動作，都可能產生自動的生理反應。在接下來的十一個月裡，艾瑞克森不斷地嘗試細小的運動，再將這些細小的運動擴展到全身，再從這些由記憶所引導出來的意念運動（ideomotor）重新學習到如何真正控制自己的肌肉，這個發現後來也擴展成為他在催眠治療上廣為使用的技巧之一。

在進行復健的這段期間裡，艾瑞克森的最大收穫是學習到觀察與專注細節的能力。藉由觀察么妹從寶寶爬行、搖晃地站立、再到行走，這些不同階段的變化，讓他重新學習如何保持平衡和行走。他在這個學習過程中發現，藉由走路來伸展自己會產生疲倦，而這個疲倦能夠減輕他長期的疼痛，更重要的是，他發現藉由想像自己在走路、覺得疲倦和放鬆，一樣能夠減輕痛苦。

艾瑞克森於此時期的另一個收穫，就是發展出從被忽略的線索進行推論的能力。例如：當他躺在床上時，光從外面傳來的聲音，他就能聽出是誰來了，從穀倉的關門聲到走廊上的走路聲，他都準確地判斷出來，甚至連對方的心情都能聽得出來。這種對細微線索的注意力和應用，對於艾瑞克森日後從事心理治療非常有幫助，他也不斷地對學生強調：不能只注意到當事人整體的行為和言語，對於當事人的動作、言詞、姿勢、呼吸等等任何小線索，都同樣輕忽不得。

1920年，艾瑞克森進入威斯康辛大學就讀。這幾年間，他變

得較健康，終於能使用枴杖行走，但是仍有點不良於行。醫生建議他多接觸大自然，多鍛鍊體力，他便和一個朋友規畫長達十週的密西西比河獨木舟之旅。雖然朋友臨時爽約，艾瑞克森卻毫不退縮地隻身前行，並且只帶了兩週的食物、幾本書和僅僅四元美金。旅行期間他有時替一些農夫工作，來賺取金錢或換取糧食，有時則是利用烹飪技巧幫人煮飯來換取一餐。十週後，他獨力完成這段長達一千兩百英里的旅程，平安回家，那時他可以不用枴杖，雙腳微跛地行走，口袋裡甚至還有八塊錢！這樣的旅程對一個健康的人來說都算是一大考驗，對像艾瑞克森這樣行動不便的人來說，更是難以想像。這充分反映出一個人的精神力量能夠驅使生理的耐力突破各種障礙，艾瑞克森總在治療中鼓勵個案突破困境，協助他們在困境中看到自身的正向資源，因為他自己便是在實際的生活中展現生命的韌性。

催眠的啟蒙

　　大二那年，艾瑞克森瞭解到潛意識有能力以極具戲劇性或有效的方式來填補意識層面的不足。他曾提及小時候在夢裡訂正算術題的經驗，決定在睡眠中幫學校報紙寫一篇評論。他的計畫是，在傍晚閱讀，晚上十點半就寢，並將鬧鐘設定在凌晨一點，然後當鬧鐘響的時候，他就起床打他的評論，把打字機放在打好的文件上，再去睡覺。隔天醒來，他非常訝異壓在打字機下的文件，他並不記得所打的任何內容，在沒有看過的情形下保留了副本，並把正本交給編輯。那週結束時，他共完成了三篇評論，每天他都試圖從學校報紙上找出他所寫的內容，卻徒勞無功。最

後，他找出文件的副本比對，發現三篇文章都被刊登出來，而有趣的是，他對自己所寫的內容依然毫無印象。

這次寫評論的經驗對艾瑞克森相當具有啟發性，他說道：「在我腦袋裡所擁有的東西遠超過我所知道的」，這也讓艾瑞克森開始對「解離」（dissociation）現象有了更清楚的瞭解。同時，艾瑞克森也藉由室友對他行為的描述，確認他曾在睡眠中行走和打字。但是，直到大三那年他參加了赫爾（Clark Hull）的工作坊，才開始對這次如同夢遊和自動催眠的現象有更完整的認識。

艾瑞克森首次與催眠相遇是在十二歲的時候，他的朋友拿到一本介紹催眠的小冊子，想要試著催眠艾瑞克森，但是艾瑞克森婉拒了，並且告訴他寧願等到自己長大，對催眠有所瞭解之後，才有可能嘗試。沒想到他最後真的走上催眠這條路。大二期末時，艾瑞克森看了赫爾的催眠示範，並說服其中一位現場受催眠者跟他做更深入的嘗試，然後，艾瑞克森把他從第一位當事人身上所學到的技術應用在第二位當事人身上，一個接一個，他將隨之而來的暑假空餘時間拿來練習催眠，並且操作不同的技巧來試驗當事人不同的反應。艾瑞克森在進行這些練習的時候，非常有系統和條理地將過程及反應記錄下來，並將這些成果在赫爾的工作坊中報告出來。一年後，他已經催眠了上百名學生，並且完成許多試驗。他甚至還在州立醫院、大學醫學院以及威斯康辛大學心理系進行催眠示範。

在赫爾的工作坊中，艾瑞克森展現了他的人格特質以及研究風格。他積極進取的實驗精神和小心謹慎的觀察，讓他以大二學生的身份得以和研究生，甚至是像赫爾這樣的專家在同一個領域並肩鑽研。有趣的是，這些人對催眠現象和過程的看法卻與艾瑞

克森有著天壤之別。赫爾認為「催眠施術者」在引導催眠中佔有決定性的地位，更甚於當事人的內在過程，在他的概念中，當事人不過是個頭腦空白，等待暗示的被動接受者。赫爾後來發展出標準化的催眠技巧，甚至嘗試使用標準化的催眠引導錄音來對不同的當事人引導出催眠狀態。

但是年僅二十二歲，身為大二學生的艾瑞克森卻根據他臨床工作的經驗和從當事人身上所得到的回饋，認為當事人並不是被動的接受者，而是一個積極的參與者。他也將「催眠是催眠師施加催眠給當事人」的這種想法轉變成「催眠是在合作關係下，催眠師和當事人一起引導出來的」。雖然雙方對於催眠的理念不盡相同，但是艾瑞克森在這個工作坊中獲益頗多，更從中學習到對催眠現象不同觀點的詮釋。

醫學院階段

艾瑞克森八歲時，就立志要成為懸壺濟世的醫生。有一次他因牙疼去看家庭醫師，牙醫師不僅拔掉牙齒抒解了他的疼痛，還給了他一個錢幣，這個經驗讓他印象深刻，並促成他將來一步步走向行醫助人之途。成為醫預科學生之後，在教授的推薦下，艾瑞克森替州司法矯治委員會對受刑人以及孤兒進行心理衡鑑的工作。在進入醫學院之後，他又再度展現他與眾不同且足智多謀的一面。艾瑞克森曾提到他在醫學院的第一年：

> 進入醫學院的第一年，我希望能夠在醫學院當個全職
> 學生，但是有很大困難：我沒有工作。所以我跑到州司法

矯治委員會（the State Board of Control）。從九月開始，我每週把一到兩個犯罪統計報告放在委員會主席桌上。主席也希望能夠更有效地運用經費，以便有更新的進展。然而，到了十一月的第一個星期一，主席桌上卻一篇報告也沒有。主席非常憤怒，他叫我立刻打給他。他質問我為何領了錢卻交白卷？為什麼我沒有交出報告？我告訴他：我並沒有支領半點薪水來做事。於是他就說：好！假如是這樣的話，那你現在就會加到支薪名單中！這樣就確定了我的工作。每個假日或假期，也會有加班費，若委員會需要特別衡鑑的時候，還有特別津貼，所以我非常投入。如果我記得沒錯，有一次聖誕假期，為了完成衡鑑，我還領到高達一天十元的津貼。這樣我就可以儲蓄足夠的金錢，醫學院的第一年我就存到了75塊，我騎著腳踏車沿著麥迪遜（威斯康辛州首府）尋找機會。我看到一間房子出租，一個月七十元。於是我找到房東，付錢，租下了那棟房子，然後再放上一個牌子：「專租學生」。我先向學校申請緩交註冊費。

　　我說服一些二手倉儲公司。這樣我就有家具來裝潢，更讓我把所有的房間都租出去了。這些費用足以讓我繳付醫學院的相關學費。除此之外，我在州司法矯治委員會也有另外的薪水。我真的擁有一段相當美好的時光。

　　這樣有創意的方式不僅出現在艾瑞克森的生活經歷中，他在治療時，也常利用一些別出心裁的方式幫助當事人突破困境。

　　艾瑞克森進入醫學院的時候並未完成學士學位，他延後取得

學士學位，因為他寧願讓他的論文有趣而不是虛應故事。當他完成論文《關於智能、意志薄弱與犯罪的關係》後，口試委員決定讓他選擇是否要直接將學士與碩士論文合併，同時，他也參加了心理學研究所的課程，最後在1928年同時取得心理學碩士與醫學博士學位。

〔第二節〕璀璨的專業生涯

成家與研究階段

　　1925年，二十三歲的艾瑞克森與赫頓（Helen Hutton）結婚，長達十年的婚姻裡，兩人共育有三名子女。兩人於1935年離異，婚姻結束的原因少有文獻描述。艾瑞克森的學生曾經稍微提到這段婚姻結束的原因，應該是艾瑞克森重新衡量兩人之間的關係後，決定結束痛苦。雖然艾瑞克森曾努力想縮小雙方的歧見，但兩人之間的鴻溝卻日益擴大。這也類似艾瑞克森在治療時的一個理念：當事人並不一定要在一時之間解決生命的困境，而可以在過程中循序漸進地處理問題。治療師的任務也不是要解決所有現在和未來的難題，而是幫助當事人通過發展中的阻礙，最後當事人能夠在自己的一致中圓融地調和困境。

　　從艾瑞克森的研究中，不難看出他極佳的觀察力和推理能力。當年催眠並不被學術界認可，反而被視為是巫術與黑魔法的近親，唯有藉助實證性研究的觀察才能夠破除這些迷思與誤解，進一步讓催眠成為有用的治療工具。對還原催眠真面目的努力，艾瑞克森可說是功不可沒。

　　除了做研究之外，艾瑞克森還不斷地在臨床工作上提升自己的觀察力，有時他會在完成有關妄想和幻覺項目的心理衡鑑時，刻意不去追問當事人的社交史，就寫下他根據觀察所推論出來的描述，再從社工員處取得當事人的資料做比對。有時甚至顛倒整個過程，先寫下詳細的社交史，然後完成衡鑑，最後再和實際衡

鑑結果比對。經由這樣的方式，他不斷地從這兩種資訊來磨練自己的能力，並且增進他對當事人過去生活史與症狀之間關連的瞭解。

在密西根州的期間（1934-1948），是艾瑞克森個人改變的一個重要階段。他結束了和海倫的婚姻，卻在這裡遇到了摩爾（Elizabeth Moore）。艾瑞克森帶著前次婚姻的子女在1936年6月18日與她結為連理。這段期間雖少有文獻描述，但是不難推論艾瑞克森應該是個盡責的父親，因為過往很少有監護權是判給父親的。1938年，艾瑞克森和伊麗莎白的第一個女兒貝蒂 艾莉絲（Betty Alice）出生，日後他們又陸續生下四個小孩。當小女兒出生時，最大的兒子都已經二十二歲了。套句艾瑞克森夫人說的：「在過去的三十年間，家中至少都會有一個青少年，從不間斷。」

當艾瑞克森接近四十歲時，他的專業生涯日趨精進。1939年時，他成為韋恩郡立醫院的精神醫學研究與訓練督導，同年也被認可成為精神科醫師，也擔任韋恩大學醫學院的教職，從講師開始，很快就升等到副教授。因為他也在社會服務系任教，所以韋恩大學聘請他擔任研究所的全職教授。密西根州立學院則聘請他兼任臨床心理學教授。在1940到1955年間，他獲邀擔任《神經系統疾病》期刊的編輯。

在大戰期間，艾瑞克森自願參加徵兵委員會，這也讓他有機會對大戰貢獻心力。同時他得以讓醫學生和臨床心理學的學生有機會實習，實際接觸真正的當事人。典型的艾氏風格下，艾瑞克森從這樣特別的經歷中得到一些與眾不同的體驗。他把其中的一些特殊情形寫下來，並且把它寄給《底特律時報》發表。報紙刊出這些小故事，並且註明來自「威斯康辛的艾氏」，有些甚至還

被讀者文摘重新刊載。

　　1938年，艾瑞克森遇到正在研究峇里島神廟舞者催眠狀態的人類學者米德（Margaret Mead），當時米德需要精通催眠的人來協助提供關於催眠的資料，所以找上了艾瑞克森。艾瑞克森夫婦參與了這個研究，並對米德的研究計畫提供了相當多的協助。他們同時觀察峇里島舞者自動催眠狀態的影片。當然，有些舞者並非真正進入催眠狀態，艾瑞克森的工作就是要分辨出哪些舞者才是真正進入催眠狀態。這個計畫開啟了米德和艾瑞克森的長期合作關係，也對艾瑞克森日後催眠治療的研究發展有著極大的影響。

　　艾瑞克森的身體狀況一直是生命裡一個重要的影響因素。他自己用來對抗小兒麻痺症造成的身體不適，也成為他用來瞭解疼痛管理的最佳途徑。換言之，因為小兒麻痺症，他得以磨練自己的觀察技巧，並鍛鍊出不可思議的驚人意志力。

　　1947年，當時住在密西根州的艾瑞克森，再次因身體生理病痛影響到他的生活和事業。一場腳踏車意外造成他的額頭受傷，產生一條滿是髒污的傷口。即使已知他對抗破傷風毒素疫苗過敏，幾乎所有的醫囑都還是認為冒著對藥物過敏的風險服藥是比較好的選擇。經過數天的深思之後，艾瑞克森仍選擇服下藥物，一週後，他陷入需要重複施打腎上腺素急救的過敏性休克中。接下來的十五個月中，他經常因過敏發作而飽受關節和肌肉疼痛之苦，長期的花粉過敏症宿疾惡化，有時還必須送醫治療。這場災難大大改變了艾瑞克森的生活，促使他在1948年七月移居亞利桑納州鳳凰城。經過一個暑假的療養之後，艾瑞克森換到亞利桑納州立醫院任職，後來因為小兒麻痺症後遺症常使艾瑞克森出現暈

眩、失去方向感、劇烈疼痛等問題，這些症狀迫使他不得不辭去醫院的職務，成為私人開業醫生。

開業——橡樹街的房子

有幾個原因讓艾瑞克森相當與眾不同地選擇在自己家中開業：（1）當他間歇性的疼痛發作，必須進行自我催眠時，比較隱密與方便；（2）在他症狀惡化的時候，太太能夠隨時幫助他減輕痛苦；（3）艾瑞克森能夠有更多的時間來陪伴家人。

初期（1949～1970）的開業地點位於鳳凰城的橡樹街32號（現已不存在），亦即現在的鳳凰城市區。這裡位於住宅區的隔壁，離大街頗近。從1970年起到艾瑞克森過世的1980年間，他們全家搬到海沃德街，希望對艾瑞克森的病情有所助益。

艾瑞克森在橡樹街的辦公室非常不起眼，房子的後方有個不到十呎見方的小房間，裡面放著三張椅子、一張桌子和一個書櫃。海沃德街的辦公室也是非常樸素，對於那些從世界各地前來尋求啟發的「朝聖者」而言，辦公室裡面的陳設可謂非常簡陋。

因為艾瑞克森的辦公室就在家裡，這也提供了一個特別的「家族治療」機會。艾瑞克森的家族成員常會參與當事人的治療中。在橡樹街的住家裡，家庭成員的房間有時還要順便充當候診室。學生、當事人和同事參雜在小孩、寵物和親友間，這樣的居家方式也可看見艾瑞克森對他的家庭感到自豪。更重要的，家庭與當事人的結合，對那些來接受協助的當事人而言，是種積極正向的尊重。

　　艾家大大小小都像艾瑞克森一樣充滿對人的興趣與關懷，例如：他的女兒經常為病人做三明治。甚至有位病人出院後被艾家「收容」，艾瑞克森夫人還幫他挑了一隻狗，寄養在艾家，讓病人每天來艾家照顧這隻狗。也有很多個案，甚至是艾瑞克森的學生在他家中打雜來支付費用。這種「家族治療」的方式不僅充分利用到艾瑞克森自家的子女，也讓個案有機會學習到正常家庭的成員互動。從這點，可以看到艾瑞克森的「善用」（utilization）原則和他誠心誠意想要幫助病人改善症狀的努力。

　　在艾瑞克森取向催眠與心理治療國際研討會中，他的子女常提到過去的一些趣事。某個兒子憶及自己有一次堅持自己已經長大了，有責任去倒垃圾，但卻連續兩天都忘記倒，於是艾瑞克森就在半夜把他叫醒，一面不斷對兒子道歉，一面提到好的父母應該在睡前提醒小孩把垃圾拿出去倒，自己若要當一個好父親，就要提醒子女盡該盡的責任。從此之後，孩子再也沒有忘記倒垃圾的問題了。由此可看出艾瑞克森在貫徹自己的原則時，所採取的一些有趣的變通手腕。

　　從1949到1950年初，艾瑞克森開始四處開辦催眠工作坊與研討會，他也同時在鳳凰城學院與亞利桑納州立大學兼課。1953年，艾瑞克森非常罕見地第二次遭受到小兒麻痺症的侵襲。這次染病對艾瑞克森來說，最大的影響就是日後終生為疼痛所苦。他右手臂、背部、腰部、腹部和雙腳的肌肉受損，然而藉由他過去生病的經驗，他幫助自己復原。他也由過去的經驗來訓練受傷的肌肉彌補功能上的障礙，同時，多年的自我催眠也讓他能夠由潛意識進行疼痛管理，以便得到適度的放鬆。他長期疼痛的程度戲

劇性地隨年齡增加，肌肉痙攣常常來得突然且猛烈，以致於肌肉彷彿被撕裂一般。雖然遭逢病魔無情的打擊，但是艾瑞克森依然沒有被擊敗，他透過自身的經驗來瞭解催眠止痛的重要性和其執行方法，並且將這些經歷和心得發表出來，造福疼痛患者。他還讓病人深刻體會到生命的堅韌，讓自己成為病人重新面對生命打擊的最佳典範。

　　艾瑞克森常用一些簡單的方式來補償自身的不便，他在橡樹街的辦公室沒有安裝電話，這樣他就不用每天起來去接電話。他也會做一些簡單的工作，如削馬鈴薯皮，這樣他就可以盡可能的保持身體的機能，使身體不至於惡化。1956年，他還曾體力恢復到能夠藉著兩支枴杖的協助去爬山。可惜好景不長，在健康持續惡化之下，艾瑞克森從1967年起就必須仰賴輪椅行動。晚年他更飽受慢性疼痛之苦，呼吸只能藉助半邊橫隔膜和一些肋骨旁的肌肉，他的視覺有雙重影像、聽力不佳。因為無法長時間戴假牙，所以必須重新學習如何發出清楚的字音。這些身體上的不適對樂觀的艾瑞克森而言，不但沒有擊垮他，反而更加激發他的鬥志。

　　縱使小兒麻痺症帶給艾瑞克森極大的痛苦，但卻沒有阻礙他在專業上的成長。1950年代中期反而是艾瑞克森在心理治療專業領域影響力漸增的重要時期。他開始在美國各地藉由工作坊來指導心理學家、精神科醫師和牙醫師催眠的應用。這段面對病痛的時期中，艾瑞克森夫人確實是他事業上不可或缺的重要伙伴。她也常常實際參與工作，特別是示範被催眠的狀態。當艾瑞克森感到疼痛的時候，艾瑞克森夫人則來協助減輕他的痛苦。艾瑞克森後來創立《美國臨床催眠期刊》並擔任編輯的十年期間，艾瑞克森夫人更是從旁協助且擔任校對工作。面對來自世界各地的訪

客，艾瑞克森夫人以女主人的身份親切招待；當艾瑞克森出外講學時，艾瑞克森夫人則一肩擔起照顧子女的責任。在艾瑞克森逝世之後，艾瑞克森夫人依然維繫住艾瑞克森學派的傳承，同時在艾瑞克森基金會中擔任董事，艾瑞克森夫人逝世於2008年12月26日。

大師典範

　　1957年，美國臨床催眠學會成立，艾瑞克森擔任了兩年的理事長。他同時也創辦了《美國臨床催眠期刊》，擔任首任編輯長達十年（1958-1968）。這兩件事象徵著催眠從過去被視為黑魔術、旁門左道、舞台表演，到終於被學術界認可接受，成為學術研究領域的一部分。這條漫漫長途中，艾瑞克森投注在研究催眠現象的努力可說是居功甚偉。

　　從1950年代末起，艾瑞克森就經常性地環遊世界發表文獻、舉辦催眠工作坊與研討會。他所示範的深層催眠現象更是其中最引人注目的地方。他在催眠示範中所使用的手勢技巧可稱得上空前絕後，一直令人津津樂道。到了1960年，艾瑞克森已經發表了超過90篇文章和兩本書。由於他的成就，許多人都邀請艾瑞克森對他們的想法提供意見。追隨著家族治療先驅的腳步，羅西（Ernest Rossi）於1972年在一位個案的鼓吹之下，從南加州前來鳳凰城向艾瑞克森學習。自此開啟了一段長期師生關係，直到艾瑞克森過世。他們兩人合著了多本專書，闡述艾瑞克森的理念與技巧。其間，陸續有許多知名的治療專家前來向艾瑞克森學習，包括：瓦茲拉威克（Paul Watzlawick）、薩德（Jeffrey Zeig）、班

德勒（Richard Bandler）等人，艾瑞克森取向的影響逐漸擴及整個心理治療界。

從1972年搬到海沃德街開始，艾瑞克森幾乎已不再從事臨床治療。相信他本人也從未料到，自己會從研究者、臨床工作者轉變為心靈導師。大約從1975年開始到1980年艾瑞克森過世為止，來自世界各地的學習者源源不絕地來到位於鳳凰城的艾瑞克森家中，參與他所開設的工作坊。他的行程表總是滿檔，其中一個工作坊的紀錄後來輯錄成《跟大師學催眠：艾瑞克森治療實錄》（中譯本由心靈工坊出版）。

雖然艾瑞克森在1967年起就必須藉助輪椅行動，但是他仍然沒有停止臨床治療、寫作，甚至仍繼續開辦工作坊和演講。他在心理治療界所造成的影響既深且廣。他除了開創了自己別樹一格的治療取向外，在深受精神分析與行為治療影響的當時，他也開創了一個以當事人需求和資源為導向的治療方式。有別於傳統學派的是，他以特殊的技巧來幫助治療師看到當事人的潛意識資源，並學習如何驅動這些資源。他同時也是位催眠、觀察、衡鑑、善加利用和製造震撼的大師。他的成就更讓其他專業人士激盪出許多不同的火花。

艾瑞克森在1977年榮獲國際催眠學會頒發的第一面金質獎章。《美國臨床催眠期刊》為了慶祝他七十五歲生日，也特別發行專刊紀念。艾瑞克森本人是八個專業學會的成員，更是包括英國、日本、阿根廷、西班牙和委內瑞拉等國專業學會的榮譽成員。終其一身，共發表了147本書與文章，和他有關的文章和書籍更是不計其數。

　　不幸的是，他在1980年3月25日逝世，享年七十八歲。過世之前，他仍然非常積極地從事教學工作，同時也正著手規畫當年12月舉辦的第一屆「艾瑞克森取向催眠與心理治療研討會」，他面對死亡仍然充滿樂觀與正向，他生前曾說過：「我們一出生就面對死亡，只是我們其中有些人的腳步較快。何不樂在其中、好好活著，因為你可能一醒來，就發現自己已經死了。你永遠無法預料它將何時發生。但總有人會為此擔憂。在死亡降臨前，認真過活，享受生命。」雖然他過世了，但研討會仍如期舉辦且結果十分豐碩，共有兩千多位專業人士與會。自此，「艾瑞克森取向催眠與心理治療研討會」再度在1983、1986、1992、1999、2001和2004年舉辦，且會繼續舉辦下去。1979年，艾瑞克森基金會正式在亞利桑納州鳳凰城成立，除了表彰艾瑞克森對心理治療與催眠的貢獻外，這也是國際間關於艾瑞克森取向相關資源交流的主要基地。迄今，世界各地已有超過100個艾瑞克森中心，臺灣目前也已經向內政部立案成立了「華人艾瑞克森催眠治療學會」，並且在臺北、高雄設立艾瑞克森中心，做為臺灣地區的推廣基地。每隔五年，艾瑞克森基金會均會舉辦一個國際性的心理治療研討會，邀請當代心理治療界各學派的大師與會，以演講、工作坊、示範、督導與對話等各種形式，提供跨國際、跨學派、跨專業的交流平台。目前這個名為「心理治療的演化國際研討會」已成為世界上規模最大和最多大師級重量人物聚集的心理治療專業研討會。從1985年迄今已舉辦過多屆，相信這樣的精神傳承，是艾瑞克森所樂意見到的。

　　艾瑞克森以一個農家子弟，生於困苦，長於病痛，卻從未因

【第三章】艾瑞克森取向催眠治療

〔第一節〕艾瑞克森的治療觀

　　提到心理治療時，很多人可能浮現的景象是一位病人躺在躺椅上，後面坐著心理治療師，病人述說著自己的煩惱，而治療師則是邊聽邊記，邊對病人提出解析；或者浮現的是病人坐在椅子上述說著自己的煩惱，治療師則是坐在病人的斜對面，一邊點頭，一邊回答著：「嗯哼，聽起來你很煩惱……」或許我們曾聽過、見過、學過的心理治療都是如此，但是艾瑞克森卻很另類。

　　在很多人的眼中，艾瑞克森既是一位深不可測、擁有魔法的權威治療師，也是一位具有草根性、讓家人與個案互動的庶民治療師。正因為他的治療方式千變萬化，難以言傳，加上慣用間接手法，所以艾瑞克森很少以文字清晰明確地定義、闡述他的心理治療概念。因此，筆者參考艾瑞克森弟子與同僚記錄、分析艾瑞克森教學、治療的案例，試著勾勒出艾瑞克森取向催眠治療的樣貌。

正常或異常？

　　艾瑞克森認為人天生是不完美的，而「不完美」是正常的、

85

可被接受的特質，他全然地接納、擁抱這樣的特質，甚至鼓勵
治療師善用個案所呈現出的，獨特且怪異的特質。因此，對艾瑞
克森而言，「異常」是相對的，而非絕對的。在甲情境中被視為
「異常」的行為，在乙情境中可能被視為「正常」。艾瑞克森認
為每個人都需面對的基本問題是：如何充分地善用及享受生命，
並且讓身邊的人也能如此。因此，正常與異常的分野在於：異常
行為無法為個人提供有用及有意義的目標、與個人性格衝突、或
干擾個人達成合理目標的能力。很明顯的，艾瑞克森關注行為對
個人的用處。

心理治療或催眠治療？

　　由於艾瑞克森善於將催眠語言不著痕跡地融入治療中，透過
多層次的溝通，迴避意識的自我設限，激發個案深藏的能力，改
變其慣性的思考與行為模式，讓個案能善用己身的資源，達到最
好的治療效果。因此，艾瑞克森取向的心理治療被冠以「催眠治
療」之稱。簡言之，艾瑞克森之於催眠治療，正如佛洛伊德之於
精神分析。兩者皆為心理治療界影響深遠的治療取向，而艾瑞克
森特別對當代的心理治療發展有極大的貢獻，後現代的幾個治療
取向，像是敘事治療、焦點解決（SFBT）等，都明顯受到艾瑞克
森的影響。

　　不過，艾瑞克森雖然以催眠著稱，但是他在進行心理治療
時，並不一定每次都使用催眠，他所用的心理治療技巧千變萬
化，也不只侷限於催眠技術。根據其弟子薩德（Zeig）所述，艾瑞
克森在心理治療中正式使用催眠的比例大約只有30%，若將艾瑞

克森與催眠劃上等號，實在是低估了艾瑞克森在心理治療上的功力，以及他對心理治療界的貢獻。

　　本章雖以艾瑞克森取向催眠治療為標題，內容仍著重呈現艾瑞克森在心理治療上的博大精深，希望讀者在閱讀本章對艾瑞克森取向催眠治療的特徵、治療階段、催眠過程的初步介紹之後，能對所謂的「艾瑞克森取向催眠治療」有更全面的認識。

　　在艾瑞克森的年代，心理治療的主流仍然是以佛洛伊德所建構的精神分析取向為主，精神分析認為人的性格大多是在童年時期所形成，一些非理性的慾望因為不被意識層面所接受，而壓抑到潛意識，這樣的衝突常會導致心理問題的出現。

　　艾瑞克森並不認同精神分析的概念和人格理論，他認為潛意識是人的寶貴資源，治療師應善加利用，治療的進行須因人而異，且是互動性的。治療師的任務，是引導及觀察個案，個案的工作則是決定是否、如何及何時對治療師的溝通有反應。他的治療模式強調，每個人都是獨立的個體。因此策略的目的，在創造個案個別的經驗，治療的有效性，在於治療師如何將治療策略運用在特別的個案身上，且必須針對每個不同的個案作處置，而不僅是基於人格理論或心理治療理論作出推想。

　　精神分析認為人們會將不能滿足的慾望壓抑到潛意識，因此需要透過自由聯想等技巧將潛意識的壓抑釋放出來。但是艾瑞克森對潛意識則抱持著正面的觀點，他假設潛意識過程可以經由理性、自發、創造的方式去操作，而個體可經由儲存在潛意識中的資源去轉換他的經驗，艾瑞克森式的溝通是：

1. 接受並運用個案的現實。

2. 同步並引導個案的行為。

3. 視「抗拒」為治療師缺少和個案間的同步。

他認為治療就是透過治療師和個案間的溝通，去連結個案的潛意識，找到潛意識的資源來幫助個案打破過去僵化的行為或思考模式。

艾瑞克森本人並沒有將他的治療方式建立一套理論，然而艾瑞克森學派的支持者針對艾瑞克森的療法歸納出幾點特徵：

1. 每個人都是獨特的。

2. 催眠是一種溝通想法的經驗過程。

3. 每個人都有具生產力的資源。

4. 催眠使資源成為可能。

5. 催眠是自然的。

6. 艾瑞克森取向較像是目標校正導向，而不像錯誤校正導向。

7. 每個人的獨特性都可以展現在許多層次上（深層自我、潛意識、意識和意識的內容）

8. 潛意識的過程是有生產力、自發的。

對催眠的觀點

看過金庸武俠小說「笑傲江湖」的人，想必會折服於令狐沖使用的獨孤九劍，獨孤九劍的最大特色就是無招勝有招，根據對

方的招數來對應出招。艾瑞克森也是如此，他強調要以各種不拘形式的催眠方式來配合每個個案，除了傳統的催眠技巧之外，他也透過非正式或間接的方式來引導個案進入催眠狀態。他認為催眠不見得是要有固定的形式或「儀式」，艾瑞克森強調的是「善用」（因勢利導）取向，在催眠治療關係中強調的是治療師和個案間的互動。所以，雙方都被賦予努力合作的責任，對治療師而言，他的工作是引導與督導個案，而個案的工作則是決定是否回應、以何種方式回應及何時回應治療師的溝通。

　　「善用（utilization）」，這個概念在艾瑞克森的治療中廣為應用，其精神就是「因勢利導」、「善加利用事物的本質或發展的趨勢加以引導，使達成目標」。艾瑞克森認為每個人都是獨一無二的，所以治療策略的運用也必須讓個案能夠產生屬於他自己的切身經驗。一個良好且有效能的治療師，必定掌握了如何將信手拈來的策略使用在特定個案身上的技巧。這個取向進一步假設，潛意識過程可以經由不同的形式來轉換人們儲存於潛意識中的資源，進而改變他們的經驗。所以催眠治療的目的就是讓個案把意識中所有的限制放置於一旁，並且讓當事人在催眠中轉換到另外一種背景中，探索和善用潛意識的資源，以達到創造改變的治療效果。

　　艾瑞克森會用一些原則來引發這樣的潛意識過程：（1）接納並善用個案的現實；（2）同步並引導個案的行為；（3）將「抗拒」解釋為缺乏同步。

　　所謂接納的意思是：「你現在所做的任何一件事，都是我希望你做的」，這當中不帶有治療師的批判和指示，而是一種彼此的接納和共鳴。

「善用」原則代表治療師告訴個案：「你現在所做的將允許你可以去做某事，現在所發生的是未來改變的基礎」。所以，這樣的運用過程是一種溝通，讓個案瞭解他所做的任何事都很棒，並且可以讓它們來進一步引發其他朝向改變的過程。

在傳統的催眠方式裡，催眠師都是用自己的引導語來引導整個過程，被催眠者乍看之下都是處於被動的狀態，這也是為什麼這樣的方式給人催眠師很權威、很有力量的錯誤印象。這樣的方式忽略了被催眠者自身的感受和狀態，所以很容易失敗或讓被催眠者有被強迫的感覺。

然而，艾瑞克森對於治療中的溝通所採取的原則是：所有的經驗都是有效並且可以善加利用的，治療師透過行為的同步來引導當事人達到預期的狀態。即使當事人沒有達到預期的狀態，治療師仍然以開放的態度接納他，並不會因為所採取的治療技巧沒有達到預期效果，而感到失望。相反的，治療師會調整自己，重新和個案同步，並建立一個持續回饋的互動循環，治療師在其中密切地觀察、接納和運用個案持續的反應。這個回饋互動循環圈可以運用到不同的層次，也可以採取各種不同的方式，像是：呼吸、語調、用字遣詞、語言回饋等。重點在於，要接納個案所有呈現的內容，並且善加利用，這些都會轉化成治療師的策略。這時候任何個案所呈現的內容，都會變成你希望他們呈現的，治療師的任務就是運用這個持續的經驗產生溝通。當治療師無法充分運用個案所呈現的內容時，個案會用間接和非語言的方式來回饋給你。對其它學派而言，這就是所謂的「治療中的抗拒」，但是對艾瑞克森而言，這只是一個提醒你需要注意的訊號，讓你可以調整重新與個案步調一致。

透過善用原則，艾瑞克森引導個案進入催眠狀態的原則是：
（1）讓個案的注意力維持全神貫注、（2）接受並發展潛意識的
過程、（3）同步及分化潛意識過程。

這當中首先要注意的，就是治療師必須維持讓個案朝向改
變前進的正向過程，治療師在過程中要保持對個案狀態的覺察，
因而能引導個案進入催眠狀態。有效能的艾瑞克森取向治療師會
投入很大的心力，探索臨床上的治療，但是在實際與個案面對面
接觸時，他會透過自身的潛意識，來使用這些深思熟慮後的心血
結晶。

對艾瑞克森來說，個案的症狀現象其實就是一種催眠現象，
這種催眠現象是一種古典的催眠現象，經過互動的結果，最後
變成以症狀的方式來呈現。因此治療師要接納症狀，並且將它視
為個案在催眠下的表達方式，原先這些被低估、厭惡的症狀在治
療中轉化成具有自我價值、彈性的解決方式。這就是善用原則的
應用，艾瑞克森就是透過接納和同步個案的過程來達到治療的
改變。

對個案的觀點

因為艾瑞克森視症狀是一種催眠現象，因此艾瑞克森認為
所有的個案都可以透過催眠治療的方式來促成改變。他並認為，
除了生理特殊狀況之外（例如：精神分裂症是因為腦內生化物質
的影響），所有個案的症狀都可以處理，重點在於治療師如何運
用個案的症狀，找到讓他達到催眠狀態的過程，並運用這樣的過
程，找到可以介入的方式，讓個案達到改變。

艾瑞克森認為只要個案有些微小的改變，就會有持續的改變產生，因此對於任何個案，重點在於治療師能否找到個案可以運用的特點，不在於個案有什麼症狀。所以，以艾瑞克森治療取向的看法，沒有任何個案是可治療或不可治療的情況，只在於個案哪些症狀是可以善用的，以及治療師能否將他的症狀轉化成可治療的因子，並沒有對於可治療個案的限制。

對治療師的觀點

艾瑞克森認為治療是一個重新學習的過程，這樣的學習過程要產生有效的結果，只有在個案自身主動學習的情況下才會發生，治療師只不過是刺激個案進入這樣的主動狀態。雖然治療師不見得清楚明瞭這會是什麼樣的主動，治療師的任務在於加以判斷如何引導，個案的任務在自己努力學習以新的方式來掌握和體驗生命。

這樣的重新學習過程，需要運用個案的生活經驗、理解、記憶、態度和想法，而不是以治療師的主觀觀點來看待。所以治療師只是一個引導者，創造出一個情境，讓個案能夠從不同的角度去看待或體驗舊問題。所以身為治療師要能夠瞭解和接納自身的痛苦經驗，從自身經驗中看到不同的解決方式，成為治療的導引。

因此，治療師要做到的最重要一件事，就是讓自己成為完整的人。所謂的完整就是：（1）認同並處理不被接受的個人經驗，（2）成為不評價、真誠面對自己的人，（3）讓個案引發他們自己的經驗。

　　簡而言之，艾瑞克森認為要成為有效能的治療師，需要注意以下幾個原則：

1. 秉持實用主義，幫助個案通往開放之道，保持中庸，既不悲觀也不過度樂觀。
2. 創造環境，讓改變成為可能，幫助個案得以讓改變發生。
3. 以個案說話的方式說話。
4. 以本身經歷的痛苦為師，艾瑞克森就是最好的例子。
5. 接受自己的限制，才能真正幫助個案。
6. 觀察人類行為，讓觀察所得在每個特殊情境中引導你進行介入。
7. 勿過度膨脹和神化自己，治療師只是引導者。
8. 不需提供個案答案，而是要提供更廣闊的視野。

　　總之，艾瑞克森取向治療師的任務就是：確認哪些是可以解決的問題、設定治療目標、設計用來達成目標的介入方式、檢核個案的回應以修正觀點，以及，最後檢查治療結果是否有效。艾瑞克森的學生之一，著名的策略家族治療大師海利（Jay Haley）受到艾瑞克森的影響，定義所謂的策略治療：「治療師承擔直接影響個案的責任」。我們可以這樣看待艾瑞克森取向治療：治療師負責創造改變的機會，個案負責改變。

〔第二節〕 艾瑞克森取向催眠治療的特徵

　　艾瑞克森並沒有整理出一套理論來解釋他的治療工作，但是他對催眠治療的想法和觀點卻深深影響著每位艾瑞克森取向的治療師。而每位艾瑞克森取向治療師因人格特質與技巧有所不同，進行治療的方式也有所差異，以下是藍克頓（Stephen Lankton）歸納出艾瑞克森取向催眠治療的七個特徵。

1. 正向且重視個別性

　　艾瑞克森曾經說過：「我為每一個人發明一個新的理論與一套新的方法」（I invent a new theory and a new approach for each individual.）。對他而言，每位個案都是獨一無二的，治療策略當然要因人而異。他最喜歡兩項治療準則：「說個案的語言」（speak in the patient's language）和「加入個案的行列」（join the patient），認為「眾人在屬於個人的生命歷程中，早已擁有解決問題的豐富資源」。因此，他強調要針對每位不同的個案擬定最適當的治療方法和策略，他經常從正向的觀點出發，善用個案的優點，促成個案的改變。

　　雖然很多人批評催眠治療師主導性太強，但是就艾瑞克森的觀點而言，傳統催眠是「由外向內」（outside-in），而艾瑞克森取向則是「由內向外」（inside-out）。也就是說，在傳統催眠中催眠師是讓個案以被動的方式接受暗示，而艾瑞克森取向則是配合個案在治療中的進展，以間接的方式呈現暗示。這樣的方式除

了減少治療師強加個人價值觀在個案身上的風險之外，也更能符合個案的需求和個人問題。

艾瑞克森說過一段相當值得治療師深思的話：

> 很多時候，心理治療師試圖要用他們醫生級的語言來和個案相處，或是試圖去解釋自我、超我和本我，以及意識與潛意識，而個案根本搞不清楚你說的是玉米、馬鈴薯還是薯泥。因此，你要嘗試用個案的語言。（Erickson, in Gordon & Meyers-Anderson, 1981, p.49）

以下案例是艾瑞克森使用個案語言最為人知的例子，當時艾瑞克森治療一位在州立醫院的住院病人，他只會說「精神分裂患者用語」（schizophrenese）和「文字沙拉」（word salad）（指一連串文字組合起來完全沒有意義的語言）。

> 這個病人說英語，但是發出來的聲音都是無意義的片語，像是：「……一桶沙，一桶豬油，脂肪在火中，有個扁平輪胎……」他住院已經超過九年了，雖然他似乎試著要和其他人溝通，然而卻沒人能夠瞭解他。他到醫院時沒有任何身份文件，沒有找到任何個人史，而且沒有給予任何的治療。當艾瑞克森接下這位個案時，他找了一個速記員坐在個案旁的桌子邊，暗中記下個案所說的內容。在謄寫過後，艾瑞克森非常仔細地研究內容，但是在這當中僅能看到無意義的內容。因此，他決定也來說「文字沙拉」，並且用個案自身的語言來溝通。他先向那個人自我

介紹，當那個人用喃喃自語來回應時，艾瑞克森就用誠摯的語調回應一些文字沙拉。一開始，個案有些懷疑，但是他很快的就開始用文字沙拉對艾瑞克森滔滔不絕。他甚至會在文字沙拉中間夾雜一些有意義的發聲。一段時間之後，聽得懂的對話比例逐漸增加。漸漸地，艾瑞克森獲得了病人的相關個人史，提供治療，最後並讓這位個案出院（Gordon & Meyers-Anderson, 1981, pp.52-53；Rossi, 1980, Vol. 4, pp. 213-215）。

從以上案例可以看出，艾瑞克森投注在個案身上的心力，和他對於每位個案的尊重，是很多人誤以為艾瑞克森用手段操縱個案時所沒有注意到的面向。當然，以現實面考量，大多數的情況下，艾瑞克森或許不會花這樣長久的時間來運用個案的語言，但是他會在個案可以理解的層次下說個案的語言。

2. 目標與問題導向

艾瑞克森取向強調對個案問題的衡鑑，目的是在確立治療目標，而非確定診斷名稱。這也正符合現今的心理治療趨勢，不再以病理觀點來主導治療的過程，反而以發展歷程、正向的觀點來界定個案的問題和改變的方向。衡鑑時，艾瑞克森強調要注意個案細微的語言差異和肢體動作。衡鑑完成後，治療師需針對個案的特質和需求設定目標，然後採行各種治療策略幫助個案達成目標，因此，艾瑞克森取向是一種目標與問題導向的治療。

艾瑞克森認為太過清晰的人格理論會成為治療師的阻礙，使得治療師忽略應細心覺察和運用個案人際間的差異。艾瑞克森透

過他對溝通的掌握，搭配個案自身的價值體系，引導個案獲得內在資源的連結，促使個案在真實情境中改變，而不是回溯個案的過去，去挖掘個案症狀的「意義」。

以下是艾瑞克森治療一位有嚴重鱗癬婦女的案例：

　　她心不甘情不願地來尋求艾瑞克森的治療，且很不情願地向他展示手上嚴重的癬。艾瑞克森在檢查過後告訴她：「你其實並沒有得到超過你自認為程度三分之一的癬。」她對這個明顯侮辱她智商以及隱含「都是你自己胡思亂想」的說法相當憤怒地回應。他繼續說道：「你有一點點的鱗癬和很多的情緒。」她氣到立刻開張支票來「為他的時間」付錢結束治療。然而，兩週後，她打電話給艾瑞克森，說自己整整氣了兩個禮拜，而她的癬卻每天越來越消失，到現在僅剩下一點點。（Rosen, 1982, pp. 154-155）

3. 系統導向

艾瑞克森強調家庭的價值，認為只有在健全的家庭與婚姻關係中養育孩子，才是真正的幸福。所以艾瑞克森在治療個案時，常會利用家庭或社會網絡的力量來整合個案的資源，讓個案能在社會網絡中找到安身立命之處。

以下是艾瑞克森弟子薩德（Zeig）的治療案例：

　　一位女士打算出讓自己的生意，薩德認為長期來看對這位女士不利，於是請教艾瑞克森。而艾瑞克森先前在治

療中也曾經看過這位女士與她的家人，艾瑞克森建議薩德告訴這位女士保留自己的生意，因為這對她的子女而言將會是很好的楷模。薩德回報這個策略確實有效，因為對這位女士而言，作為子女的良好楷模很重要。（Zeig, 1985, p.68）

另一個是艾瑞克森的治療案例：

> 一位12歲的男孩和他的母親為了克服男孩持續尿床的習慣辛苦奮鬥許久，卻失敗了。艾瑞克森指派這位母親一項任務，要她在每天上午四、五點起床來檢查她兒子的床舖是乾的還是濕的。假如是乾的，她就可以回床睡覺而不用叫醒男孩。假如是濕的，她就要把男孩叫起床，並讓他練習寫字（他的字非常醜）直到七點。結果這位男孩不僅症狀緩解，而且在友誼、親子關係以及學業成績等方面都有進步。（Haley, 1973, pp. 206-208）

4. 獨特的催眠觀點與手法

許多心理學家一直試圖解釋催眠現象，但是艾瑞克森對催眠的看法卻和其他人的看法大不相同。艾瑞克森認為催眠是「一種特殊、內在導向、功能變更的狀態」，並且以動力觀點視之，認為催眠會因個案、催眠師不同而有所差異。許多艾瑞克森的催眠治療並非在進入催眠狀態中完成的，也難怪當有人問艾瑞克森什麼是催眠時，艾瑞克森只簡單回答：「催眠是一種工具」。當然，艾瑞克森不會把催眠僅僅視為工具，他相信催眠是一種有力

的治療工具，因為治療性催眠是在潛意識狀態下的積極學習狀態，沒有意識層面的干擾與阻礙。

在他的觀點裡，治療性催眠的本質包括了：
1. 由內在來引導的狀態
2. 具有高度動機的狀態
3. 主動的潛意識學習
4. 功能的轉換狀態
5. 具有主觀性經驗

除了對催眠看法不同之外，艾瑞克森的催眠治療手法亦與眾不同，他強調個案的潛意識，因為催眠狀態正是有利於學習與改變的意識狀態。身處催眠狀態中的人能敏銳地感知內在心智與知覺體驗的運作歷程，能放下意識的覺察，產生潛意識的覺察，領悟到各種夢境、象徵及其他潛意識表現形式所蘊含的意義，易於接受治療師的暗示。此時治療師必須吸引個案的注意，將其注意力焦點轉向內在世界，引領他探索內在，並以間接的方式傳遞治療暗示（therapeutic suggestions），以產生催眠回應。

5. 行動勝於覺察

艾瑞克森著重於個案的問題與目標，他相信人們自身擁有解決問題的資源，只是不知道如何去利用，或是不相信自己有這個能力，或是社會網絡以某種方式限制了個案。因此，艾瑞克森並不將治療重點放在深入探索個案的內在心靈以找出問題的原因，而是著重在如何協助個案突破困境，不依賴個人陳舊的思考模

式,不受限於自身狹隘的心智系統與人生哲學,讓個案自己達到改變的目標。因此,艾瑞克森並不強調個案的覺察,而是透過創造改變情境,來讓當事人親身經驗或採取行動造成改變。

以下是艾瑞克森指派個案採取行動造成改變的兩個案例:

> 一位警官因為健康因素而退休,在醫師否決他用跑步來瘦身的想法後,尋求艾瑞克森的協助。醫師考慮他的高血壓、過度肥胖、抽煙以及飲酒問題,認為跑步風險太高。他最多能做的就是走路。醫師還建議這位退休警官去找艾瑞克森,因為醫師認為他有心理問題。艾瑞克森發現這位男性獨居、自理三餐、自行採買伙食,食物和菸酒都是在住家公寓二樓樓下的小雜貨店購買。艾瑞克森建議他一次只能買一包香煙,而且每買一包都必須穿過小鎮。他也告訴這位退休警官去找一家距離半英里遠的雜貨店,而且每次買東西都必須只買足夠那一餐而已。為了酗酒問題,艾瑞克森建議他可以想喝多少就喝多少,但是他必須先走一英里去喝第一攤,之後每一次喝酒都必須再走至少一英里。艾瑞克森評論:「現在,我不會把食物從他身上奪走。我不會把香煙奪走。我不會把酒精奪走。我給他機會走路。」(Rosen, 1982, pp. 149-150)

> 一對夫妻因為婚姻難題而尋求艾瑞克森的治療。他們一起經營一家小餐廳,不斷地爭執經營餐廳的最好方式。太太堅持先生應該要負責,她寧願待在家裡,但是擔心沒有她的監督,先生會把事業給毀了。所以她繼續在先生旁

邊工作，兩人總是不斷爭吵。艾瑞克森指派他們：每天早上，先生要比太太早半個小時到餐廳。當太太到餐廳時，先生已經成功地完成了許多太太「無可取代」的工作。她開始每天越來越晚到，並且在打烊前就離開，直到最後她很少出現在餐廳，爭執就消失了。（Haley, 1973, pp.225-226）

6. 間接且多樣的手法

艾瑞克森在治療中使用相當多的間接技巧來促成個案的改變，這種作法除了可以降低對個案的衝擊，避免產生抗拒之外，更可以讓個案透過潛意識找出屬於自己的學習和能力，而能夠有效解決問題。對治療師而言，當個案有極大的抗拒時，間接的方式可以繞過個案的抗拒，甚至可利用個案的抗拒，間接影響個案，這遠比正面化解抗拒有效。

以下是艾瑞克森處理個案對權威抗拒的案例：

> 有位醫師抱持著不信任、挑釁的心態來尋求艾瑞克森的催眠。艾瑞克森嘗試各種方法均失敗後，跑到廚房，將他的女助理催眠後帶回治療室，他將助理的手舉起，告訴助理必須保持這種姿勢直到將醫師催眠為止，然後艾瑞克森隨即跑出治療室外。當他回來後，果然醫師已被催眠。

艾瑞克森在此例中強調，醫師的抗拒僅針對他，所以不會反抗女助理。艾瑞克森也提醒其他治療師，盡可能讓個案坐在「那張」椅子上時引發各種抗拒，然後再請個案換張椅子，將各種抗

拒留在「原處」。一旦個案坐到「這張」椅子上，就不再有任何
抗拒。

7. 善用資源，因勢利導（utilization）

艾瑞克森認為因勢利導就是以個案之道，還治個案之身
（Whatever technique any patient uses to be a patient can be
harnessed by a therapist）。而不管個案有什麼狀況或治療中發生
了什麼事，治療師都可以善加利用（Whatever the patient brings
can be utilized. Whatever exists in the therapy situation can be
utilized.），亦即在治療中不論個案出現什麼反應，治療師只要順
勢而為就對了（Whatever responses you get, develop them.）。

以下是艾瑞克森善用個案症狀的案例：

> 一位男士尋求艾瑞克森的治療，說他無法坐下或躺
> 下，也無法談他的問題。他已經因為不合作和無法治療，
> 而被好幾位精神科醫生從診療室裡轟出來。他解釋說他太
> 過焦慮以至於無法好好坐下來或躺下來，而且精神科醫師
> 的診療室會讓他更加焦慮。艾瑞克森問他是否願意繼續
> 在診療室裡踱步就像他現在一樣。這位男士確認他可以，
> 而且說踱步是唯一可以讓他留在這間診療室的方法。艾瑞
> 克森問他是否介意讓艾瑞克森引導他的踱步。這位男士對
> 這個請求有些疑惑，但是他再次同意。艾瑞克森花了一些
> 時間來引導他的踱步且漸漸放慢他說話的速度。這位男士
> 更加放慢步伐來回應，並且逐漸在跨步之前先等待艾瑞克
> 森的引導。大約四十五分鐘之後，這位男士在緊隨著艾瑞

克森的引導之後，對艾瑞克森坐下的直接暗示做出回應，
並且進入深層的催眠狀態。（Rossi, 1980, Vol. 1, p.181-
182）

就艾瑞克森取向治療的多樣性而言，以上七個特徵很難涵
蓋其全貌。這正是艾瑞克森不願意建構出一套治療理論的原因
之一，因為要讓日後學習的人不被理論所框架，而能產生自己
的體悟和領會，並因而建立起自己和個案間獨一無二的治療風格
和模式。建議有興趣的讀者可以進一步參閱附錄三延伸閱讀書
目中海利（Jay Haley, 1963）的《心理治療的策略》（*Strategies
of Psychotherapy*），海文（Ronald Havens,1984）的《艾瑞克森
的智慧語錄》（*The Wisdom of Milton H. Erickson*），以及歐漢龍
（O'Hanlon, 1987）的《Taproots》等書，其中有更多對於艾瑞克
森取向的不同架構分析。

【第四章】艾瑞克森取向催眠治療實務

〔第一節〕艾瑞克森取向催眠治療階段

著名的心理治療師華伯格（Lewis Wolberg）曾如此評論艾瑞克森現象：「有些心理治療師對於艾瑞克森的崇拜幾近盲目……對全知全能的期待，將艾瑞克森奉若神明的治療師，最後一定會幻滅……（反之）認為他（艾瑞克森）驚世駭俗的手法只是一時的流行，終究還是會被棄如敝屣，也是同等的偏見。」

究竟歷史會對艾瑞克森如何定位呢？其實，艾瑞克森從未也不願將自己神化。然而，他確實是一個不平凡的人，一位「不尋常的治療師」。貧困農家的成長背景、先天的缺陷（色盲、音痴、學習障礙）、後天的殘疾、終年的疼痛，「學習讓自己與生命的不公和解」的獨特適應模式，在在銳化了他的觀察力、敏覺度，造就他「不尋常」的人格特質與生命風景。雖然艾氏獨門手法常讓人深感莫測高深，不過近年來艾瑞克森的弟子陸續從他的教學、研討會、督導、案例中整理出治療架構，以利後人學習。儘管艾瑞克森取向催眠治療的過程很難切割成明確的階段，但是為了學習的方便，作者參考歐漢龍（1987）的作法，將艾瑞克森取向催眠治療的架構分為七個階段分別說明如下。

階段一：建立關係

進行心理治療時，治療師非常強調與個案建立信任與合作的良好關係，催眠亦然。艾瑞克森多年的催眠工作磨練下，發展出快速與個案建立良好關係的方法，且將之用於心理治療中（不論是否使用催眠）。這種快速建立關係的能力成為日後艾瑞克森發展短期心理治療的基礎。因為若需花上數月或數年才能建立良好治療關係，那麼治療時間勢必拉長。艾氏療法快、狠、準，他有時只治療一次就大功告成，即使有些個案的療程較長，也經常在第一次會談時就進行介入。

階段二：收集資料

艾瑞克森很少使用精神醫學診斷來描述個案，因為他認為一個診斷名稱太過廣泛，無法提供個案的詳細資料，讓治療師據此進行治療。艾瑞克森在整個治療過程裡不斷地對個案進行衡鑑、收集資料，持續評估個案的反應模式和類型，瞭解個案對什麼介入會產生反應，並依照這些資料調整治療方法。

階段三：繞過或打亂自我設限的信念與行為

艾瑞克森認為個案的問題源自其僵化的思考與行動模式。治療目標之一，便是破解個案對問題的僵化信念。艾瑞克森認為人們常會庸人自擾，不必要地限制自己，而催眠的主要功能之一，

就是繞過意識對自我的限制。下節將介紹艾瑞克森常使用的困惑技巧，可用來繞過或打亂個案自我設限的信念與行為。

艾瑞克森有時會使用重口味的衝擊（shock）和驚訝（surprise）技巧，來繞過意識的限制。他會無厘頭地說出或做出意料之外的事，個案在瞠目結舌之餘，往往搞不清楚是怎麼回事，也無法使用他們慣常的方式去回應，因而突破僵化的思考與行為模式。以下就是一個最佳範例。

> 有對夫妻，兩人都是大學教授，婚後多年無子，生理檢查找不出原因，懷疑是心理或情緒因素造成，因此前來尋求艾瑞克森的協助。他倆是非常理性的人，且非常熱衷於他們所謂的「為了生殖，每天早晚進行婚姻伴隨的生理行為」。當描述到他們為了滿足「多子女的慾望」而產生出來的僵化習慣時，他們都感到非常害羞且拘謹。艾瑞克森告訴他們有個為他們量身打造的治療法，但是不知道他們的抗壓性夠不夠來承受這個療法，這就是「衝擊療法」（shock treatment），並非電擊，而是心理與情緒上的衝擊。他們先在候診室裡討論一陣子之後，回到了艾瑞克森的診療室，宣布他們已準備好接受能治好他們膝下無子問題的任何方法。艾瑞克森告訴他們要緊緊抓住椅子，以承受接下來的治療，他將會告訴他們一些事情，接著要他們回家，而在到家之前，他們不可以對艾瑞克森或另一半說任何話。艾瑞克森故意使用他們過度拘謹的言語重複了問題──「他們非常熱衷於每天早晚進行婚姻伴隨的生理行為」，但是這回要他們回到家裡，「爽著搞，把她搞到攤

在床上至少三個月起不了床」。這對目瞪口呆的夫妻被護
送出診療室後，一路默不作聲地開車回家。一到家，他們
就迫不及待地衝進臥房，確確實實地「爽著搞」，而這位
太太三個月內就懷孕了。（Haley, 1973, pp.164-166）

階段四：激發動機與喚起能力

艾瑞克森有著異於常人的創造力，能使用一些技巧，營造氛
圍激發出個案解決問題的動機與能力。以下就是一個這樣的案例。

艾瑞克森治療一位有閱讀障礙的男孩。雖然他已經
十一歲，但是每年老師都要他再從一年級課本開始讀。艾
瑞克森知道這位男孩曾經去過西海岸度假，所以故意和他
爭辯，堅持說洛杉磯是750哩遠，而斯波坎（Spokane，華
盛頓州東部城市）則是350哩遠。男孩不以為然，因此艾瑞
克森拿出地圖查證。艾瑞克森先在地圖上從鹽湖城附近開
始找斯波坎，但是男孩糾正他，並且在波特蘭附近找到了
斯波坎。在一連串像這樣的錯誤之後，這位男孩對閱讀地
圖上的地名越來越拿手。艾瑞克森提到自己是美國汽車協
會（AAA）的會員，AAA提供免費的地圖和資料來讓人規
劃旅程。這位男孩說服父親加入AAA，拿到了一大堆的地
圖和資料來規劃下一次的家族旅行。他把全部資料都閱讀
完畢，並且建議父親在旅途上該走的路線和該看的美景。
到了秋季開學時，這位男孩已經趕上了同學的閱讀水準。

（Haley, 1985, Vol. 3 126-127）

　　下面是另外一個艾瑞克森激發個案動機與能力的範例。在此案例中，艾瑞克森再次展現了他的彈性與創造力，只要能夠促進治療，他樂意嘗試任何方法，即使需要故意激怒個案來產生療效也無妨。

> 　　一位從外州來的女士帶著先生向艾瑞克森求診。他是非常自負，卻不幸中風、全身癱瘓。中風前，他獨力經營自己的事業；但中風後，幾乎無法行動和說話，而且為了支付醫療費用，傾家蕩產。他在一間教學醫院住院一年多，被當成臨床教學中「無望的個案」案例，深感羞辱。一位醫師建議他們來找艾瑞克森，試試看用催眠來做復健。艾瑞克森先與這位女士會談，她告訴艾瑞克森她先生非常自負，不太願意聽任何人的指令。艾瑞克森請那位先生進來，並且開始稱呼他為「納粹普魯士豬（根據這位先生的種族背景），只會躺在床上等人家救濟」，他接著告訴這位男士，他會請他太太每天帶他來這裡，給他更多的侮辱。這位男士非常生氣，大叫了一聲：「不！」，並靠自己的力氣掙扎離開房間。每天這位男士都由他困惑的太太帶進艾瑞克森的治療室，而艾瑞克森繼續侮辱他，激發他的反應，逐漸帶動他在語言和動作上的復原。治療結束時，這位女士非常吃驚地聽到她先生告訴艾瑞克森說他有如兄弟一般地愛他。（Haley, 1973, pp. 310-313; Rossi, 1980, Vol. 4, pp. 321-327）

階段五：建立技巧

　　從自然主義觀點來看，艾瑞克森假設大部分的個案都擁有解決自身問題所需要的所有資源和經驗，而他的治療就是喚起個案的潛能，來產生他們尚未完全發展出來的技巧。以下就是艾瑞克森協助個案建立技巧的案例。

　　一位名為「Ma」的婦女一直很想學會閱讀和寫字，但是卻一直無法克服重重障礙。年輕時，她不被允許學習，所以下定決心從十六歲起要開始學。二十歲時，她想到可以請老師們住到家裡教她讀和寫，寄宿老師和她的子女都想要教會她，但都全都徒勞無功。她受了打擊，之後只要有人試圖教她讀和寫，她都會害怕得腦筋一片空白。到了七十歲，她還是無法閱讀，於是和艾瑞克森聯繫，艾瑞克森答應她在三週內讓她學會讀和寫，而且他只要求她做一些她原本就會做的事，讓她非常好奇和，也很懷疑。首先，他請她拿起一枝鉛筆，用任何方式拿起筆，就像一個小嬰兒拿的方式。接著他請她在紙上畫下一些線條，就像一個不會寫字的小嬰兒在塗鴉。再來，他請她畫下一些直線，就像是要鋸東西時畫在板子上的線，或是在花園裡想要種一排植物那樣。她可以從上到下、從左到右、或斜斜地畫。接著請她畫出一些甜甜圈洞，然後畫像是斷成一半的甜甜圈，再來請她畫出三角形的兩個邊。他持續教

導她畫出這些線條，並且加以練習。她也不斷練習，雖然一直搞不懂這跟讀寫有什麼關連。在下一次治療時，艾瑞克森告訴她一堆木材和一間房子唯一的差別就是房子是組合起來的木材，她同意這點，但是依然不懂這跟讀寫有何關連。在艾瑞克森的引導下，她將那些線條組合起來寫出所有的英文字母，當她完成時，艾瑞克森讓她看到自己剛學會寫全部字母的事實，而拼字就僅僅是把字母組合起來罷了。艾瑞克森又要她去唸一些字，慢慢地，艾瑞克森巧妙地使勁讓她寫出一個句子，並且要她唸出句子中所有的字。這個句子是：「Get going Ma and put some grub on the table.」（Ma快動起來，在桌上放點食物），當她大聲朗讀時，發覺這根本就像講話一樣。將講話轉換成閱讀的過程在三週內很輕易地達成了。（Rossi, 1980, Vol. 1, pp. 197-201）

階段六：將技能與問題情境連結

在艾瑞克森所處的時代裡，當時心理治療的主流學派強調治療主要在治療室裡進行，以及治療的核心為個案和治療師之間的關係。艾瑞克森卻重視讓個案能盡快地將療效類化到日常生活中。為了達成這個目標，艾瑞克森會給個案回家作業，要求個案執行與問題有關的任務或行動。

有時艾瑞克森也會藉由催眠後暗示來促進技能與問題情境的連結。他會暗示下次這個特殊的情境或刺激出現時，個案可以用

111

這種特殊的方式反應。例如：假如艾瑞克森認為放鬆對一位恐懼症患者是可使用的資源，他就會暗示個案下一次遇到害怕的物體或情境時，他會放鬆。艾瑞克森也常藉由將問題情境與新的聯想連結（例如：說故事或間接暗示），來協助個案將技巧轉換應用在問題情境中。

階段七：結案與追蹤

有時艾瑞克森不會結束治療，反而採「家庭醫師」模式，在個案需要的時候，持續多年替他們看診，甚至會替整個家族的好幾代看診。這反映出他獨特的觀點：治療師不需要處理個案所有的潛在問題，治療應聚焦在當下的問題。有時他也會突然結束治療，把個案送走，暗示他們所接受的治療已足夠他們所需。反之，對某些個案，他會設定治療的時限，似乎讓個案對時限內產生療效有所期待。

艾瑞克森利用很自然的方式，不著痕跡地對個案進行追蹤，結案時艾瑞克森會請個案把他加入他們的通訊錄中，每年聖誕節他都會接到這些個案的聖誕卡，裡面往往會附上有關近況的便箋或是照片。如此一來，他不需要提醒個案過去的問題，卻能讓他們在結案多年後依然和他保持聯絡。相較於大多數的治療師，艾瑞克森對於與個案之間關係的界線持較為開放的態度，他常會在非正式的社交情境裡，以非正式的方式追蹤個案狀況。

〔第二節〕催眠治療的催眠過程

　　很多人常誤以為催眠治療就是把當事人引導進入催眠狀態，然後加入催眠後暗示或在催眠中植入新的想法，就可以達到改善個案問題的目的。這樣的想法太過於簡化，並沒有真正地深入處理個案的問題，而且改善的效果也不盡理想。

　　艾瑞克森一向以在心理治療過程中運用催眠處理個案問題著稱，此節針對其運用催眠的過程，分為三個階段描述。

階段一：準備期（preparation）

　　引導個案把注意力集中於身體或內在經驗以及當下的行為。治療師開始探索個案所呈現的生命經驗，並且建立起正面的架構引導個案朝向治療性改變。

階段二：治療性催眠期（therapeutic trance）

　　治療師在催眠中活化並善用個案自身的心理資源，減弱個案習慣性的想法或日常的參考架構。藉由轉移注意力、衝擊、驚訝、混亂、分離等方式減弱個案的自我設限，使個案更容易接受新的學習和經驗。利用隱喻、暗示、敘說軼事等方法提供個案新的參考架構，讓個案從潛意識中找到新的解決方法。這個階段可以再細分為五個階段：

1. 集中注意力（fixation of attention）：

在一般傳統催眠中，催眠師通常會要求個案凝視一個定點或燈光、催眠師的眼睛、水晶球等來集中注意力。然而，治療師在累積一定經驗之後，任何事物都可以用來凝聚個案的注意力。更進一步，甚至不需要依藉外界事物來凝聚個案注意力。

在催眠治療中，治療師引導個案將注意力集中在自己的身體或內在經驗上。像是鼓勵個案聚焦在自己知覺或內在心象上，這樣的內在聚焦法能更進一步提升催眠的效率。廣義來說，在日常生活中，當我們片刻地全神貫注在某些事物時，我們會失去對外界其他事物的注意，可稱之為進入日常生活的催眠中。將這樣的現象應用在臨床上，聚焦和吸引注意力最有效的方式就是治療師來認知和認可個案當下的體驗。如果治療師仔細研究在日常生活和診療室中個案的注意力聚焦過程，就會很快發現一些有趣的故事或幻想，可以像標準化的催眠引導一樣吸引人們的注意。任何想像和可以吸引人注意的事物，都可以用催眠的方式來講述。當治療師正確地標定當事人的此時此刻（here and now）經驗，個案通常會立刻開放與接納治療師所說的話。治療師認可個案當下的現實，就能夠輕易地讓個案認可治療師，進一步順理成章地接受治療師即將給予的治療暗示或催眠引導。藉由個案當下的行為與經驗來獲取他們的注意，正是催眠引導中「善用」（utilization）觀點的基礎。

2. 削弱習慣性架構與信念系統（depotentiating habitual frameworks and belief systems）：

在艾瑞克森取向中，最有效的吸引注意技巧就是削弱個案習

慣性的心智架構和日常的生活參照架構，透過分散注意、衝擊、驚訝、懷疑、困惑、解離等技巧，個案的習慣性信念系統或多或少會被中斷，這時透過激發出潛藏的思想連結狀態和感官知覺的體驗，就有可能促發意識狀態的轉換，也就是所謂的催眠或入神狀態。

其實任何的衝擊或強烈刺激都可以引起注意，並中斷先前連結的型態。而一些不真實、不尋常或幻想的體驗都能夠產生出不同觀點間的轉換。困惑、懷疑、解離和失衡都可能用來打破個案學習到的限制，這樣才有機會敞開心胸接納新經驗和新學習。這是催眠治療的核心本質，在日常生活中，我們常遇到各式各樣的問題與困境，衝擊或中斷我們例行的思考，理想上，這樣的困境能夠激發出具創造力的時刻，產生出新的因應。當人們遇到與過去不同的生活變化，卻又不允許新的改變產生時，問題就會產生，唯有從中找到新的解決之道並以新態度面對，才有可能突破困境。

3. 潛意識搜尋（unconscious search）：

日常生活中，能吸引注意而去除習慣性連結的情形隨時可見，自然地，有可能會有自潛意識搜尋所產生的新經驗，或問題解決之道。在治療性催眠中，我們利用隱含、問句、雙關語和其他間接催眠暗示等技巧，來促發個案進行潛意識的搜尋過程。

4. 潛意識歷程（unconscious process）：

一旦個人與自身的潛意識產生連結後，心智機制進入潛意識歷程，個案的內在潛意識歷程就會自行運作，此時每位個案可能

會因各自潛意識歷程的運作而對催眠引導產生不同反應。

5. **催眠反應**（the hypnotic response）：

催眠反應是由治療師誘導出潛意識搜尋和歷程的自然產物，基本上，它是由個案的潛意識歷程所產生，所以催眠反應都是自動或自發地出現，會和個案在平常狀態下所產生的反應方式有很大的差異，或顯得很突兀。大部分的個案在體驗到這種自發的行為潛能發展——不由自主的自發反應之後，都會體驗到一種輕微的、舒暢的奇妙感覺。這種奇妙且驚喜的感覺可視為是真正自發反應的一種指標。

階段三：治療性改變確認期（ratification of the therapeutic change）

治療師仔細確認、評估和接納所發生的治療性改變，並促進持續的自我治療。對於治療效果的持續性，艾瑞克森認為「心理治療就像在山頂上展開滾雪球的遊戲。一旦雪球滾下坡，必將越滾越大，終至變成一場符合山脈形狀的雪崩。」（Rosen, 1982）。

〔第三節〕艾瑞克森取向催眠治療技巧

　　艾瑞克森利用相當多的技巧來幫助個案解決問題，主要的技巧有：催眠、隱喻、軼事、隱含、切割、矛盾技巧、指派任務、困惑、播種技巧與間接暗示技巧等，都是用來促成個案積極地參與改變。不過艾瑞克森也強調，與其用「技巧」（techniques）一詞來描述他的作法，還不如用「取向」（approaches）這樣的說法。因為，治療中必須針對個案不同的狀況和個人背景來選擇最適切的方式，而不是囫圇吞棗地用同樣的招數套在所有個案身上。然而，為了便於說明，作者在此仍採用「技巧」一詞介紹以下十項技巧，並以案例說明。

催眠狀態

　　艾瑞克森利用許多由**催眠狀態**（trance）轉化而來的治療技巧來幫助個案，例如：正向及負向錯覺、遺忘、年齡退化、年齡增加、催眠後暗示、自動書寫、直接暗示、麻痺、手臂漂浮等技巧。這些催眠技巧都是艾瑞克森用來增進治療效果的工具。其中「手臂漂浮」這個現象更是艾瑞克森率先在文獻中提出的催眠現象（Zeig & Munion, 1999）。以下是一個艾瑞克森使用自動書寫技巧的範例。

　　某年四月，艾瑞克森受邀至大學演講並示範催眠中的

自動書寫，其中一位名叫佩姬的女學生擔任受試者。佩姬自動在紙片上寫下某訊息後，自動摺起紙片並塞入手提包內。艾瑞克森隨即引導她再度進入催眠狀態，並在醒來後自動寫下：「今天是六月裡美好的一天」。九月時，佩姬打電話給艾瑞克森，表示在皮包內找到紙條上寫著「我會嫁給赫洛德嗎？」而四月時佩姬是和另一位男士訂婚，卻在六月分手，七月嫁給赫洛德。對艾瑞克森而言，這不過是當事人潛意識早已知道的訊息，意識卻尚未準備好面對現實，利用催眠的自動書寫透露出來的個人祕密。

隱喻

艾瑞克森常在催眠引導或會談對話中使用隱喻（metaphor），將個案特有的問題以類似的話題暗示給個案。隱喻的形式可能是簡單、明確的，也可能是複雜、隱晦的，個案往往會選擇與自身情境相呼應的片段做出回應，達成治療效果。雖然隱喻有極大的戲劇效果，但艾瑞克森強調唯有在充滿信賴的治療氣氛中，接收者（個案）和傳達者（治療師）處於一種善意接納的狀態，轉變才有可能發生。

以下是艾瑞克森使用隱喻技巧的兩個範例。

例一：有位婦人向艾瑞克森求助，因為她長期受疼痛之苦，卻又不喜歡吃藥。艾瑞克森跟她聊起花園鋤草的

事，告訴她有些人鋤草後手掌會長出很痛的水泡，接著水泡「硬化」，最後就可以忍受長時間的疼痛。他也告訴個案，很多人無法接受辛辣的墨西哥食物，但有些人因為味蕾「硬化」，所以覺得墨西哥食物是美食。最後，艾瑞克森暗示婦女可以在她感覺疼痛的部位，讓神經「硬化」，因而解除了婦女的疼痛。

　　例二：有個十歲的男孩為尿床所苦，艾瑞克森瞭解個案不願討論此一問題，反而和個案聊起個案所喜歡的運動。藉由運動，艾瑞克森告訴個案各種不同的肌肉：平滑的、長的、短的、還有負責開合的圓形肌肉──就像是瞳孔或胃肌必須關閉以留住食物來消化或打開讓食物通過。艾瑞克森經由此隱喻讓男孩得以改善對膀胱擴約肌的控制。

　　隱喻能產生治療效果，有三個原因：（1）隱喻引起的抗拒較小，因為它只是與問題相似，不是問題本身；（2）隱喻能讓個案戲劇化地重新架構問題；（3）有效的隱喻能幫助個案將改變類化到相似的問題或情境。

軼事

　　在治療過程中，艾瑞克森常利用**軼事**（anecdotes）作為教導的方式或是治療工具。軼事是一種簡短、關於某個有趣事件或插曲的小故事，也是一種高度發展且有效的語言溝通媒介，可以應用在治療的各個階段中，如：診斷、建立關係和建立治療計畫等。

軼事的內容可以是虛構的或是描述真實生活經驗。對艾瑞克森而言，他只是藉由軼事提供有幫助的資訊，個案自己會決定哪些是他所需要的線索，亦即由個案潛意識的智慧來決定如何利用這個資源。善用軼事的好處很多，包括：（1）可以提供多層次的訊息；（2）治療當下可能瞭解某部分或表面的意義，但是日後可能又發現其他有用的資訊或瞭解深層的意義；（3）可以用來說明好和不好的行為界線，重新闡釋行為；（4）故事是有趣的，容易記憶；（5）深刻的故事則提供了更深刻、更易造成情緒連結的回憶。以下是艾瑞克森使用軼事技巧的範例。

例一：當艾瑞克森在治療中要引導個案回歸屬於個人的真正成長之路時，他經常會說以下的故事。

「艾瑞克森幼年時看見一匹馬流浪到他家後院，他自告奮勇將這匹馬物歸原主。他騎上馬讓這匹馬自由決定前進的方向。只有當馬轉頭吃草或中途閒蕩時，艾瑞克森才會加以操控。最後抵達目的地時，主人問艾瑞克森怎麼知道馬來自何處？艾瑞克森回答：『我並不清楚，但這匹馬可清楚得很，我所做的祇不過是讓牠上路而已。』」

例二：一位男士因為已截肢的腿部持續疼痛，而尋求艾瑞克森的治療。他的太太則有耳鳴的問題。艾瑞克森藉由告訴這對夫妻，他在大學時四處旅行，某次在一間鍋爐工廠過夜的故事，來開始治療過程。「當他在晚上睡覺的時候，他學到了遮掉工廠裡的聲音，並在早上可以聽到工人正常講話音調的對話。這些工人對此感到相當訝異，他們

要花很長的時間才具有這樣的能力，但是艾瑞克森說他知道他的身體能多快就學習到。」接著，艾瑞克森談到某天晚上看到的電視節目，有關伊朗遊牧民族穿著多層衣服來抵擋酷熱的沙漠陽光，但是看起來卻非常舒服。在這段治療期間，他述說了許多的故事來說明人們所具有的能力：必須習慣於任何持續的刺激，如此一來他們就可以在一段期間之後，無視於這些刺激。（Erickson & Rossi, 1979）

軼事類似隱喻，但是結構上的限制較多，必須有開始（方向）、中段（事件說明）與結尾（結局），而隱喻可能只是一個簡短陳述，甚至是個問題。

隱含

艾瑞克森常在催眠中或對話中以一種間接的溝通方式將隱含（implication）的想法傳達給對方。就治療而言，將隱含的部分摻入治療過程之中，比較不會直接衝擊到當事人，得到的抗拒也較少。以下是一個艾瑞克森使用隱含技巧的範例。

一位母親請艾瑞克森來家裡看診，因為她的女兒自認為腳太大，很醜，而變得很退縮、害怕。艾瑞克森藉著幫母親檢查的名義，讓女兒在旁邊幫忙。當檢查結束的時候，艾瑞克森向母親說話時，突然「不小心」踩到女兒的腳趾頭。他馬上轉頭生氣地對女兒說：「假如你讓這些東西長到大得可以讓人看見的話，我就不會這樣了」。在艾

瑞克森離開前,女兒就開始忙著找朋友一起去看電影了。
艾瑞克森就是將「她的腳其實是小的」隱含在對話之中,
達到幫助個案的目的。

切割

　　人們傾向以分類的方式來組織自己的知覺、行為和經驗,並
且理解世界。艾瑞克森善於利用這種自然的趨勢,來引導個案產
生催眠狀態和提供治療上的介入。他常利用**切割**(splitting)目標
的方式來幫助個案克服自己的限制,使個案能建構較寬廣的心智
系統,聚焦於工作本身而非個人限制。例如:他會指派個案一個
任務,這個任務能夠破除維持症狀的情境脈絡,或是打破習慣模
式所產生的結果。有時,艾瑞克森透過語言的建構和非語言的溝
通,來幫助人們產生解離,例如:告訴個案有「一個潛意識的心
靈」和「一個意識的心靈」。在說這兩句話時,刻意變化聲音語
調,或移動位置讓聲音來自不同方位,讓個案產生不同的感受,
進一步形成解離。除了心理的解離之外,他有時也會要求進入催
眠狀態的人只有心理的部分清醒過來,但是身體還停留在催眠狀
態,創造出身體和心理的解離。不管是在催眠或是非催眠狀態
中,他會用各種方式來創造出一個情境脈絡,把先前的整體切割
成兩個(或是更多)的部分,或把先前的經驗和行為上的相互連
結進行切割,達到阻斷舊有模式的目的。

　　反之,個案的心身症(psychosomatic)問題(例如:壓力導
致的胃潰瘍、高血壓等),也可以詮釋成個案對於問題的身心切

割（心理壓力和生理問題的分割），只不過這樣的分離會造成不好的結果。以下是艾瑞克森使用切割技巧的範例。

　　例一：一位個案在催眠後抱怨催眠並非真的有效，因為他記得艾瑞克森說的每一句話。艾瑞克森回應，這位個案當然能夠在這裡記得每件事情。他在診療室裡，所有事情都在這裡發生，而且在這裡他可以記得所有的事情。最後，除了在艾瑞克森的診療室之外，這位個案在其他地方的催眠經驗都失憶了。（Rossi, 1980）

　　在這個例子裡，可以看到艾瑞克森將個案對於催眠的反應切割成在診療室內和診療室外。在另外的例子裡，則可以看到他將個案的症狀加以切割，使得症狀得以緩解或是消除。

　　例二：艾瑞克森治療一位六歲男孩，他有吸拇指且過度咬指甲的情形。他告訴這位小男孩，他喜歡吸拇指和咬指甲，就繼續，沒關係。艾瑞克森說「一個六歲的小孩」需要去做這些事情。當然，一個「七歲的大男孩」將會是「夠大也夠成熟」而不適合做這些事情。在他七歲生日前，也就是兩個月後，這個男孩就停止吸拇指和咬指甲的習慣。（Zeig, 1980）

矛盾技巧

矛盾技巧（paradoxical techniques）本身同時存在著事實與否定，藉以困惑個案，打破個案的線性思考。有兩種類型的矛盾技巧：症狀處方（symptom prescription）和束縛（binds）。症狀處方是一種經由錯誤方向卻達到目的的矛盾；束縛則是在過程初期所創造出來內在邏輯不一致的矛盾。以下是兩個艾瑞克森使用矛盾技巧的範例。

例一：一位男士向艾瑞克森求助，抱怨他只能透過一根八到十吋長的木管或鐵管來排尿。艾瑞克森要這位男士改成稍微長一點的竹管，並在一段期間之後逐漸把它縮短到十吋。他接著要這位男士逐漸縮短竹管，直到最後不再需要竹管。（Haley, 1985）

以上案例所描述的治療過程雖然很簡短，但是意義卻相當深遠，值得進一步解析一下。首先，艾瑞克森的治療處方並沒有讓個案認為這個狀況是個問題，也沒有把這個「症狀」當成是症狀，這和過去心理治療受醫學模式影響，把病人視為「有病」的「病理觀」有很大的不同。在艾瑞克森的治療裡，設法突破病人僵化的行為模式遠比界定病人的「疾病」重要許多。

其次，他利用漸進式改善的方式，讓個案能夠用逐步且容易成功的方式來趨近最後的治療目標。這樣能夠避免治療師或是個案太過急於改善問題，將治療目標設定得太大、太難，最後導致

治療失敗而對治療感到挫折。

第三，從艾瑞克森開始要求個案將竹管增長起，就已經隱含了竹管長度是可以改變的這個事實，這樣隱含透露給個案的訊息，對於達成最終的治療目標有很好的幫助。

第四，雖然在艾瑞克森的敘述中並未提到個案內心的變化和轉變，縱使我們不去分析個案內心的心理機轉，我們依然可以想見這樣的行為習慣最初對個案而言必定是件羞於見人的事情，但是艾瑞克森的作法卻可以讓個案把焦點從羞於見人的行為習慣轉變到改變竹管長度。這建議看似荒謬，卻間接地轉移了個案的焦點，也可以消除或減少個案在上廁所時的焦慮和緊張。

第五，先增加竹管的長度再逐漸縮短，這樣也會比直接縮短竹管長度更不容易注意到其間的差別。一根十二吋長的竹管縮短半吋，會比一根十吋長的竹管縮短半吋，更不容易看出其間的差別。從一開始就用不易發現的改變，來讓個案嘗試，會比一開始就突然讓個案做很大的改變，還要容易接受。

> 例二：一位六歲男孩來看診，因為他有吸左手拇指的問題。艾瑞克森告訴男孩：他對其它的手指不公平，沒有給它們同等的時間。告訴他要吸右手的拇指，最後每一隻手指頭都要吸到。艾瑞克森評論：當男孩開始把吸拇指行為平均分配到左右拇指時，實際上，他的習慣就已經減少一半了。（Rossi, Ryan, & Sharp, 1983）

指派任務

艾瑞克森曾經說過：「堤防上的一個小洞會使洪水看起來不像是會淹沒陸地，但我們期待它會，因為一旦你用某種方式突破行為的模式，裂縫就會持續擴大。」（Erickson, in Haley, 1985）他認為行為的改變將導致心理的改變，因此他常利用**指派任務**（task assignments）來促成改變。

指派任務可分為四類：問題導向任務（problem-oriented tasks）、建立技巧（skill building）、嚴酷考驗（ordeal）、指派不明功能的任務（ambiguous function assignments）（Zeig & Munion, 1999）。

海利認為艾瑞克森的治療中有一種「仁慈的嚴苛」（benevolent ordeals）介入方法。他寫道：「短期心理治療的基本原則就是以個案無法繼續利用症狀的方式來鼓勵個案的症狀。其中一個最快的方法就是當個案深受症狀之苦時，勸個案來懲罰自己，藉以鼓勵他放棄症狀。」以下是三個艾瑞克森使用指派任務技巧的範例。

> 例一：一位對旅遊心懷恐懼的年輕男士來看艾瑞克森。他只能開車開到這個城市的邊界。假如他開車越過邊界，就會嘔吐，然後昏倒。艾瑞克森建議他在清晨三點的時候開車到城市的邊緣，穿上他最好的衣服。當這位年輕男士到達城市的邊界時，他要停下車來，跑到路邊的淺溝。然後在那邊躺下來，直到嘔吐和昏倒消失。接著起

來，開車到下一根電線杆，重複剛才的步驟。這位男士照做了，但是在執行這項任務時，他對艾瑞克森和這個任務的荒謬可笑感到很生氣，所以他決定跳進車內，開始享受開車。十三年後，他的症狀從未復發。（Haley, 1973；Rossi, 1980）

　　例二：艾瑞克森治療一對會尿床的夫妻。令人吃驚的是，雖然結婚將近一年，他們卻彼此不知道對方會尿床。他們都是非常拘謹、虔誠的人。婚前，他們都很不好意思坦承會尿床。婚後，他們發生關係然後睡著，隔天一早起床，發現床舖是溼的，都誤以為對方瞭解且不介意，就從不提及溼掉的床舖。然而，臥房就此和害羞與壓抑連結了起來，他們就再也沒有性關係。這對夫妻中的其中一人無意間發現，假如兩人有個小嬰兒，就可以把床上的污漬歸咎給他，這才讓他們瞭解到其實彼此都會尿床。他們決定要尋求專業的協助，並透過朋友的介紹找到了艾瑞克森。艾瑞克森要他們承諾，將會貫徹執行艾瑞克森為了讓他們消除這個問題，而要他們所作的一切事情。他要這對夫妻在三週內，每晚臨睡前跪在床上，故意對著床單撒尿。對他們來說這是個超級折磨。第一晚，他們花了好幾個小時才完成任務，接下來的晚上也花費了很長時間。然而，三週後尿床完全消失了。這對夫妻之後有了一個小孩，他們可以責備他「床上的污漬」了。（Rossi, 1980）

　　例三：一位29歲的男士總是在午夜和清晨一點間尿

床。艾瑞克森指示他找一個鬧鐘，並且設定在午夜或十二點半或一點。當鬧鐘響起，他就要起床，然後走40個街區，不管床舖是乾的還是濕的。接下來的三週，他都必須這樣做。艾瑞克森在指派這個任務之前，已發現這位男士痛恨走路。三週之後，他可以有一週的假期，但是下一次如果發現他又尿床，就必須再連續執行三週，在午夜走40個街區的處罰。（Rossi, Ryan, & Sharp, 1983）

困惑

困惑技巧（confusion）適用於有意願進入催眠，但是卻因為無法降低意識狀態的清醒而未能實際進入催眠的個案。為了減少這些干擾催眠的過程，艾瑞克森取向催眠治療師會利用不同的解離策略（dissociational strategies）。其中一種策略是厭煩（boredom），例如：治療師會講述一個又臭又長的沉悶故事來耗損個案意識層面的抗拒。另外一個解離策略是分心（distraction）。此時，個案可能被要求從1000倒數到1，每次要減去3，或者是看著英文字母，並將Z唸成A，將Y唸成B等等，或是在引導中加入一些刺激。第三種解離策略就是意念動作技巧（ideomotor techniques）。第四種就是困惑技巧（confusion techniques）。

艾瑞克森認為人往往會有些自我設限的想法來干擾他們進入催眠狀態。而意識心靈又會一直警惕我們維持這些想法。所以艾瑞克森利用驚奇和困惑來繞過這樣的自我設限，他藉由反反覆覆

又錯綜複雜的話語讓個案聽不出個所以然，而不知不覺中進入催眠狀態。

如同艾瑞克森（1964）提到的：

> 　　臨床上，對個案來說，渴望尋求治療的協助是非常有幫助的，但是卻被他們的臨床問題和不可控制且會排斥治療的抗拒所限制或支配。一旦能規避這些抗拒，個案願意合作來解決臨床問題和消除抗拒的可能性就會大增。……（困惑技巧）能夠在不順利的情形下，使催眠引導迅速起作用就像……那些對治療有興趣卻帶有敵意、挑釁或抗拒的人。
>
> 　　……應該要謹記於心，這些個案是具有高度動機的，漠然、敵意、好鬥和懷疑最終還是會帶來治療效果……（Rossi, 1980）

艾瑞克森提過一個發生在自己身上的例子：

> 　　某天當艾瑞克森正在街上享受讓風吹拂，以消除倦意時，一位男士匆忙走過街角並撞上艾瑞克森。在這位男士說任何一句話之前，艾瑞克森瞄了一下手錶，然後說：「現在差十分鐘兩點。」實際上，當時大約四點左右。艾瑞克森接著慢步走開，留下那個困惑不已的男士。（O'Hanlon, 1987）

本質上，困惑技巧可以說是利用中斷個人意識過程的策略性

溝通，使人能進一步體驗催眠的過程。遵循著合作原則，困惑技巧善用個案用來阻止進入催眠或是治療發展的行為。

困惑技巧根基於下列的假設（Gilligan, 1987）：

1. 在人的行為歷程中會有許多自動化和可預期的行為模式。
2. 任何其中的模式被阻斷時，會創造出一種不明顯的覺醒（例如：困惑）所支配的不確定狀態。
3. 大多數人非常不喜歡不確定的狀態，並且會因而強烈地設法來避免這種情形。
4. 這種覺醒因而增加，除非能將之歸因到某因素上（會這樣是因為……）。
5. 當不確定增加了，意圖減弱這種不確定的動機也會隨之增高。
6. 當個人處在高度不確定狀態下，大多會接受第一個可減少不確定的可行方式。（例如：進入催眠的暗示）

薩德（1984）整理出困惑句型的最基本公式：將兩個相對的概念組合在一起，例如：意識／潛意識、遺忘／記得、身／心、左腦／右腦等，並且用不斷變化的形式將這些概念交錯混合在一起。以下就是一個在催眠引導語中運用困惑技巧的最佳範例。

你的潛意識可以忘記一些你的意識心靈記得的東西，但是意識心靈已經忘掉一些潛意識記得的事情。對我們的目的來說，很重要的是，假如你的潛意識記得去忘記那些被認為是應該讓你的意識記得的事情，你的意識心靈記得

去忘記那些你的潛意識記得的事情。而且你的潛意識心靈
應該記得要去記住那些被認為是要記得和遺忘那些應該要
被遺忘的，你的意識心靈記得要去記得那些應該要記得和
遺忘掉那些應該要被遺忘的事情。

在幾分鐘這樣充滿困惑的獨白之後，個案通常就會放棄嘗試
瞭解這些話的意義，而直接「遁入」催眠狀態中。

播種技巧

　　播種技巧（seeding）是艾瑞克森取向相當重要的一個治療技
巧，但是可惜的是，這個技巧卻少被完整地探討。播種技巧基本
上就是使接下來的行為暗中圓滿地朝向治療預計的目標。運用播
種技巧間的相互連結，治療師將朝向治療目標的治療過程切割成
小步驟，逐步引導當事人朝向改變。反過來說，其實當事人也是
將他們的概念植入給治療師，在他們描述問題之前，他們會象徵
性地暗指即將出現的麻煩議題。就像小朋友在嚎啕大哭之前，通
常會潛意識地揉揉眼睛或是增加眼部的動作，來暗示即將到來的
大動作。

　　舉例來說，當治療目標設定在幫助當事人建立更正向的意
向，讓事情更光明燦爛時，假如治療師希望將這些加入催眠治療
當中，並逐步引導當事人朝向這個方向，那麼治療師在進行催眠
引導時，可以先讓當事人想像紅色的顏色，並設定好大約的形
狀，當事人也許就會想像到玫瑰，治療師再逐步引導當事人朝向
正向的結果。

艾瑞克森在催眠當中，常加入播種技巧。當他希望當事人做出催眠中的手臂飄浮時，他不會直接告訴當事人手臂變輕，接著就要當事人開始飄浮手臂。他會先輕觸當事人的手臂，然後他會提到這個碰觸是多麼地輕柔，接著他才會引導當事人產生手臂變輕柔的感覺，再慢慢地讓手臂飄浮起來。他先讓當事人集中注意力在手臂上，利用碰觸的知覺建立起輕柔的感覺。接著用語言暗示輕柔感，再拓展反應。自始至終，他都利用最小的線索提示，讓當事人所產生的反應和體驗盡可能地無所遁逃。

其實在艾瑞克森的治療當中，或多或少都可以看見播種技巧的應用，從個案一踏入治療室開始，艾瑞克森就不斷傳遞個案可以而且能夠改變的訊息，再透過切割成小步驟的行動，讓個案逐步體會改變和成功的經驗，如此一來個案的小小變化就會如同雪球一般，最後成為個人的成長與進步。

間接暗示技巧

在艾瑞克森取向催眠治療中，常常利用直接與間接的語言形式來對個案進行暗示。一般而言，如果個案的意識層面有能力接受指令，並能夠認同指令時，治療師就給予個案指令，來讓個案進行改變。但是心理治療往往不是如此簡單直接，因為很少有個案能夠在治療師告訴他必須改變自己時，就能夠輕而易舉地修正自己的問題。

間接形式暗示就是要在潛意識層面，誘發並促進個案內在尋找解決之道。語言暗示的精髓並非在於治療師說了些什麼，而是個案在治療師述說的過程中做了些什麼。間接暗示並不是要告訴

個案什麼該做或不該做，而是在探索與促進個案的反應系統會自動去做些什麼，而不需要製造意識層面的效果來引導。

這樣的治療方式是艾瑞克森取向治療中相當重要的部分，也是日常生活中常常出現的語言模式，對於人際溝通也有相當大的助益。有興趣的讀者也不妨參考艾瑞克森和羅西1976年和1979年的著作，裡面有更完整的介紹。當然，有些技巧彼此相似，必須要提醒的是：許多的間接形式彼此都十分神似，在同一個句子裡也可能出現多種形式，有時要將兩個間接形式做區辨相當不易。正因如此，希望讀者能體認到本書內容真正想要呈現的是一種「態度」或「取向」，而不是設計來達成特定或預期結果的「技巧」。

間接形式的暗示最有用的地方在於探索潛在性，並促成個案自然的反應傾向，而不是在行為上強加控制。如果只是利用間接形式的暗示來對個案進行操弄，只會增強個案的抗拒，並導致雙方信任的破裂。以下就是一個在催眠引導語中運用間接暗示技巧的最佳範例。

　　曾經有位62歲的退休老農夫因為頻尿而尋求艾瑞克森的協助。老農夫每半個小時就要強迫自己去上廁所，不然他就會尿濕褲子，這讓他苦不堪言。老農夫已經診過許多醫師，照過多次X光，經歷過多次膀胱鏡檢查，雖然證明他的膀胱功能一切正常，但是都徒勞無功。老農夫無意間在報紙上看到艾瑞克森的一篇專欄，於是前來求助於艾瑞克森。於是艾瑞克森催眠老農夫：

　　「你知道的，我們可以想像你的膀胱需要每15分鐘

就排空一次，而不是每半個…小時…也不難想像成…一支表可以走慢…也可以走快…也許是誤差個一分鐘…甚至是兩分鐘、五分鐘…或是想像成你的膀胱每半個小時…就像你之前做的…也許有時是35或是40分鐘…這就如同是一個小時…這中間的差別…35和36分鐘…41、42還是45分鐘…這沒有相差太多…差別也不重要…45、46、47分鐘…其實也都一樣…很多時候你也許需要再等一個一秒或是兩秒…感覺起來就像一兩個小時…你所創造出來的…你可以再一次…47分鐘、50分鐘，這中間有什麼差別呢？…不要再去想了，沒有太大的差別，也沒什麼重要的，…就像40、50分鐘、60分鐘，不過就是分鐘…任何一個人能夠等半個小時的，就能夠等一個小時…我知道…你可以學習…這不難學習…事實上…好好想一想…當人家領先你的時候，你必須等待…你也可以…一次…又一次…你所想做的只是…一小時又5分鐘…一小時又5½分鐘…這之間有什麼差別呢？…還是超過6½分鐘…讓它變成10½分鐘…一小時又10½分鐘…一分鐘…兩分鐘…一小時…兩小時…這之間有什麼差別？…你已經練習等待甚至超過半個世紀…你可以利用這些…為什麼不去用呢？…你可以做到…也許會遠超乎你想像…甚至根本沒想到…為什麼不在家裡給自己一個驚喜？…好主意…沒什麼比一個驚喜更棒了…一個出乎意料之外的驚喜…你可以忍多久…這是一個驚喜…遠超過你想像之外…長許多…也許是個好的開始…一個好的感覺開始…繼續下去…哎呀…為什麼你不會忘記我剛才所說的一切，就只是放在你心裡…一個不會遺忘的好地方。不要

在意那個蕃茄樹——重要的是你的膀胱——很好，感覺很好，很好的驚喜——說，何不開始感覺精力充沛，現在就恢復精力，完全清醒過來，比你在今天早上還要清醒（**最後這句是用來讓個案產生一個間接的加強、最終的引導讓他從催眠中清醒過來**）然後（**作為解除催眠，但是並不被個案的意識所完全理解**），何不從容地慢慢散步回家，什麼也不去想？（**一個針對催眠與症狀的雙重遺忘指令，也是一個困惑法用來混淆個案其實已經在診療室裡待了一個半小時**）。我會在從今天算起的一星期後上午十點看診（**從先前遺忘所產生的更深層意識層面的錯覺，讓個案覺得先前除了約診之外並沒有發生任何事**）」。（Erickson，1966）

　　一週之後，老農夫依約前來看診，並且詳述當天回家之後發生的事情。當天他心情愉快地回到家，打開電視並盡可能地忍住不去上廁所。他看了一部兩小時的長片，並且喝了兩杯的水。他決定再忍住一個小時，突然間他發現他竟然忍了這麼久沒去上廁所。他看了看手錶，發現自己其實已經忍了四個鐘頭。個案邊陳述當天發生的事情，邊愉快地靠在椅子上，並渴望聽到艾瑞克森對他的肯定。

　　剎那間，老農夫突然坐直了身子，充滿訝異地告訴艾瑞克森：「我想起來了。直到現在我才想起來，我完全忘記這整件事。哎呀！你一定是催眠了我。你講了一大堆關於種蕃茄樹的事，我一直想抓住你的重點，然後接著我知道的，就是走路回家了。現在回想起來，我應該已經在

135

你的診療室待了超過一個小時，然後走路回家又花了一個小時。所以我不只忍了四個小時，而是至少六個小時。現在回想起來，不只是這樣。這是一週前發生的事。現在回想起來，我已經一週都沒有問題——睡得好——也不用半夜起床。有趣的是，一個男人一早起來，他就只惦記著這個約診，要告訴你這些事情，而忘記了這個星期是怎麼過的。哎呀！當我告訴你要催眠我的時候，你一定很認真。我真的是太感謝你了。我應該付給你多少？」（Erickson，1966）

本章試圖將艾瑞克森取向催眠治療的特徵、階段、過程與技巧加以整理描述，並佐以艾瑞克森實際進行心理治療之案例，希望能忠實地呈現催眠治療的基本面貌。艾瑞克森進行心理治療時，並不一定每次都使用催眠，他的心理治療技巧千變萬化。然而，艾瑞克森能充分發揮催眠的功能，協助個案善用其潛意識的資源，達到最好的治療效果，所謂「催眠大師」之名的確實至名歸。

【第五章】進入催眠治療的殿堂

〔第一節〕催眠在臨床上的應用

臨床醫療的應用

在談催眠在臨床上的應用之前，我們必須先區隔催眠（hypnosis）和催眠治療（hypnotherapy）以及臨床催眠（clinical hypnosis）三者的區別。臨床催眠和催眠治療必須由專業人士來執行，臨床催眠指將催眠應用在醫療和心理治療上，例如：牙科和外科透過催眠減緩病人疼痛，甚至是進行無痛手術等。而催眠治療則是以催眠為治療媒介來幫助個案改善的心理治療方式。

以下列出一些常見且經實證研究驗證療效的催眠應用：

1. 劇烈和慢性疼痛（包括醫療過程中的疼痛及手術前後的止痛）
2. 創傷後壓力症候群
3. 兒童與青少年問題
4. 分娩疼痛與創傷
5. 失眠
6. 憂鬱
7. 體重控制／健康飲食／運動
8. 心身症

9. 習慣控制

10. 大腸激躁症

11. 頭痛和偏頭痛

12. 癌症病人照顧

另外，還有許多針對催眠在其他醫療領域應用的研究正在進行，例如：人類乳突病毒（Human Papillomavirus〔HPV〕），目前正進行相關研究。尚未完全獲得實證支持，以上列出的是在研究上已經得到比較明確證據的。

心理治療的應用

除了生理醫療應用外，催眠在心理治療上的應用更是廣泛，它的好處包括：

1. 催眠可以提供治療架構和方向

催眠提供了深度體驗的治療情境，在這樣的情境下，個案得以從外在的世界轉向內在，全神貫注於內在的體驗和暗示上；催眠可以提供具治療效果的暗示和架構，促使個案聚焦在自發性的想法、感覺和影像上。因此，個案常陳述他們體驗到深刻的知覺與情感轉變。個案除了認知上的改變之外，亦從經驗上去感受，進而促成改變，這和經驗性心理治療有異曲同工之妙。

2. 去除個案與治療師間的壓抑

對很多人而言，催眠本身的神祕色彩影響了他們參與治療的

意願，但有些個案對於催眠的態度，也讓他們相信在催眠治療中
會造成一些意識、情感或行為上的改變。對治療師而言，這有助
於他們在催眠時能使用更有意義、更個人化的方式和個案溝通。
另外，催眠治療師也能夠暗示一些在現實世界中不存在的心像或
體驗，但催眠暗示的內容僅會被限制在治療師和個案的想像力和
創造力所能及的範圍內。

3. 將催眠作為一種非欺瞞的安慰劑

　　安慰劑指的是沒有實際上改變生理效果的功能、但受到病
人心理因素影響而讓病人產生實質改變的藥物。這就像病人遇到
一位名醫，這位名醫只開給病人維他命丸，病人的症狀卻在服用
維他命後就明顯改善。這是維他命丸造成的生理作用嗎？當然不
是！這種因為心理作用而產生實質改變的藥物，被稱為安慰劑。

　　催眠也可以作為促成個案改變的安慰劑。許多個案對於催眠
有著正向的態度和高度期盼，催眠情境可以增進他們對治療有效
的信心，而產生一種非欺瞞不實的安慰劑效應。和藥物安慰劑不
一樣的是：病人在不知道所服用的藥物是維他命丸的前提下，受
到心理作用而改變，一旦病人知道是維他命丸，就不會有效了。
然而，催眠是讓個案從心理狀態上增強信心，促成生、心理的實
際改變。換句話說，一樣是透過心理作用促成生理改變，維他命
是透過「假的」藥物來誘發，但催眠是確切真實而有效的心理介
入技巧。

4. 增進治療關係

催眠能夠產生一種治療師與個案間正向的同盟關係，特別是

個案願意信任治療師的引導而進入催眠狀態，就代表某種程度對
治療師的信任，催眠下的信任關係也能夠讓治療師迅速地體驗到
個案的專注和尊重。

5. 產生催眠性穩定與撫慰

催眠可以是一種強而有力的穩定與自我控制技巧，以阻斷負
向思考、感覺和行為模式。特定的、個人化的暗示能夠增進自我
撫慰、促進身心鬆弛、強化自我、激發創造力、產生幸福感以及
增強自我控制感。很多初次接觸催眠治療的個案，往往會產生疑
惑：催眠可以做什麼？其實很多時候，個案需要的只是放鬆和緩
和，因為有些人本身就已經有足夠的能力去處理問題，只是同時
面對太多事務，過度疲累，而產生心理的問題。如果個案緊繃的
情緒或僵硬的身體能獲得放鬆和緩和，自然就產生治療的效果。
所以催眠可以做什麼？光是讓個案放鬆，就是一種有效且基本的
效果。

6. 治療性心像

催眠可以作為創造心像的技巧，特別是當個案處於催眠放
鬆、感到自信且內心處於正向的自我對話的情形下，更能夠增進
個案的表現。在催眠狀態中，這些心像能夠透過想像電視螢幕、
電腦、電影的方式加速、減速或是停止下來，甚至可以改變心像
的色彩鮮明度或是予以靜音。除此之外，許多運動員也透過催眠
性心像，讓自己想像在運動場上做出優秀的表現，或想像自己的
動作和某些優秀運動員一樣，讓自己在實際上場時，能夠有更完
美的動作和成績。目前在運動心理學領域已有相當多的文獻和研

究，證明心像對於改善運動員表現的正面結果。

7.「自我狀態」隱喻

催眠治療師能夠暗示個案，促動他和人格結構或自我狀態的不同部分加以溝通，這些都是在清醒狀態下難以達成的。過去，催眠也被視為是治療多重人格的一種重要方法，其目的是希望透過催眠來讓患者的人格能夠在深層潛意識下彼此溝通，獲得重整。當然，多重人格僅是少數，對多數人而言，將催眠應用在自我狀態的整合上，例如：讓過去的自己和現在的自己進行對話、讓內在的自己發聲等等，都是可行的治療方向。

8. 催眠性減敏感

催眠技巧可以用來降低個案的恐懼，或在一種漸進、安全和可控制的方式下，讓個案暴露在會引發焦慮的刺激中。一般在治療恐懼症時，治療師常常透過投影片或照片，來逐漸讓個案減低焦慮。不論個案害怕的是飛行、密閉空間或蜘蛛等，治療師都可以透過催眠中的想像來幫助個案進行減敏感，而且個案在面對這些刺激時，所產生的焦慮和生理現象，也都可以透過催眠來減緩，催眠過程中也可以透過改變想像方式來降低刺激的強度（例如：改變心像的色澤、聲音大小等），如此治療師可不必花時間來準備蜘蛛、狗等物品的照片或影像，這些都是在催眠過程中進行系統減敏感的優勢。

9. 自我催眠

催眠程序可以設定成「自我催眠」，來增強治療中成功的

感受，並且讓治療中學習到的技巧應用到日常生活中。有些治療師甚至會告訴個案，所有的催眠都可以被視為自我催眠，亦即個案要負責產生與暗示相關的心像、體驗或行為。在第一次催眠治療中，治療師也常會透過其引導的催眠來教導個案自我催眠的技巧，讓個案承擔更多的責任來達成治療目標，而且當個案學習到自我催眠之後，更可以把治療的效果從治療室中延伸到任何地點！

10. 催眠後暗示

催眠後暗示可以用來產生治療效果。治療師利用在催眠狀態下的特定生理狀態或感覺搭配催眠後暗示（例如：將拇指和食指互相碰觸），只要個案在日常生活中複製相同動作，就可以產生放鬆、自我增強和控制的自我催眠效果。

11. 提供資訊

過去我們常將催眠界定成治療工具的一種，但卻忽略了，在催眠過程中，個案極可能出現治療師意料之外的反應，這些反應並非毫無價值，也未必是個案的抗拒。相反地，根據艾瑞克森取向的觀點，個案所表現出來的各種反應，都可以作為後續治療的依據與參考。有經驗的催眠治療師甚至可以在治療前段進行催眠，透過催眠中所收集得到的資訊，作為後段治療的依據。

如何尋求催眠治療

瞭解催眠能夠幫助我們什麼之後，接下來的問題就是如何選

擇適當的催眠治療師。

　　國內有許多催眠組織，每個組織都會強調經過若干小時的催眠課程之後，就可以取得國際某組織認證的催眠治療師執照。到底哪一個組織認證的治療師最適合我呢？在回答這個問題之前，需先瞭解合格的催眠治療師需得到怎樣的催眠認證。

　　國外的催眠專業組織大多數只限心理衛生專業人員參加，這些心理衛生專業人士必須具備該領域的專業執照，包含了：精神科醫師、臨床心理師、諮商心理師、社會工作師、精神科護士等，在取得這些專業人士員資格後，參加由學會所舉辦的專業工作坊，達到一定時數後，方可成為這些專業學會的會員。

　　我們就以艾瑞克森創辦的美國臨床催眠學會（ASCH）為例，學會要求具備臨床催眠資格的治療師必須要有：

1. 經ASCH認可至少具有碩士層級的健康照護專業訓練。
2. 政府核發的執業執照或認證。
3. 與執業相關的專業學會會員資格。
4. 至少40小時ASCH認可的工作坊訓練（初階和進階各20小時）。
5. ASCH認可的至少20小時個別訓練或諮詢。

　　換句話說，國外的催眠治療專業組織對於催眠治療師資格的要求是，首先必須具備心理治療或心理諮商的專業能力，然後再進一步接受催眠治療訓練，如此，當個案在催眠過程中出現任何心理狀況時，治療師才有專業能力處理，對個案才是具有專業保障的催眠治療過程。

　　臺灣的心理衛生專業人員也大多要有碩士層級的學歷和專業課程訓練，雖然兩年課程加上專業實習不能確保每位畢業生都有良好的心理治療能力，但至少能具備一定水準。事實上，如果連兩年碩士課程加上專業實習都不見得能確保專業能力，遑論僅參加三、四十個小時催眠治療課程的有限訓練？

　　而且，無論是精神科醫師、臨床心理師、諮商心理師或社工師等，其執業都受專業倫理和相關法規的約束，一旦有任何爭議，都可以向相關公會、倫理委員會或政府主管機關投訴，保障個人權益。反之，對於不具專業證照者，就只能循法律途徑解決了。

　　誠摯地建議：選擇催眠治療師時，應優先考慮具有心理衛生專業證照的治療師，方能確保自己的權益。

〔第二節〕 **關於催眠的提醒事項**

　　催眠治療有沒有風險？當然有！正如沒有任何治療師敢保證：「心理治療是絕對安全且無風險的」。但必須瞭解，這樣的風險並非來自催眠技巧本身，而是來自於催眠治療師對催眠的體認不足，或是催眠師本身的不當行為。這就像是刀子危險嗎？不！刀子本身並不危險，真正危險的是持刀人的態度。如果持刀人抱持著惡意，刀子自然會成為危險的凶器。除此之外，持刀人的不經意或漫不經心，也會使自己或他人暴露在危險當中。催眠也是如此。因此，以下提出幾項關於催眠的注意事項，希望能讓大家在更安全的環境下進行催眠治療。請務必注意，最保險與最安全的催眠治療來自於一個簡單的基本信念：「以個案的最大利益為考量」，唯有在尊重個案的情形下，才能將催眠的風險降到最低。

　　1.記憶的扭曲：

　　很多治療師都在催眠治療中使用過年齡回溯（age regression）技巧。個案在催眠狀態中回憶童年帶有強烈情緒的事件時，通常會記憶深刻。但是相關研究也證實，這些創傷記憶並不純然是當時真實事件的回憶，而是夾雜了個人對事件的認知與扭曲。

　　個案強烈的記憶扭曲，甚至會在完全沒有確實證據的情形下，仍然堅定相信他在催眠中的回憶。在80年代到90年代間，由於兒童虐待的調查需求，有些治療師就開始運用催眠來「回復」創傷記憶，然而其中產生許多的虛假記憶（false memories），

甚至有些個案在治療師的不當引導下，產生錯誤的記憶，導致許多家庭破碎。所以在此特別強調，根據研究結果：催眠引導出來的記憶不一定會比非催眠記憶更加準確，相反地，不當的催眠會產生戲劇性的杜撰記憶。研究也顯示，在催眠中進行記憶回溯，並不會增加記憶的準確性，只會增加對回溯內容的信心，也就是說，催眠回溯出來的內容不見得是正確的，但會對回憶的內容更加深信不疑。

所以，帶著預設立場去挖掘個案的過去，特別是治療師不斷追問個案是否有創傷或其細節，很容易迫使個案配合催眠治療師產生錯誤或扭曲的記憶，這點是完全違背專業倫理的。

2.不完全的催眠：

有些治療師在催眠過程中，未能注意到個案覺醒的速度，特別是在深層催眠狀態下，個案的肌肉正處於極度鬆弛狀態，治療師卻基於時間或外界因素，未能讓個案逐漸地清醒，反而相當草率地讓個案立即清醒過來，導致個案在甦醒之後，覺得身體不適。這樣的過程類似我們平日睡眠時，突然聽到電話鈴響，雖然可以迅速跳下床接電話，但卻非常容易讓身體受傷。

所以，治療師在即將結束催眠時，應（1）給予個案足夠的時間清醒。在個案張開眼睛清醒之後，也必須（2）提醒個案不要立刻進行太大幅度的運動，應該先做一些簡單的身體伸展之後，再結束；（3）治療師最好在結束催眠之後，對個案當下的狀態加以詢問，瞭解是否有不舒服或不適的情形；（4）如果催眠中有施行一些麻痺、遺忘之類的催眠暗示，除了要在達成目標之後解除，也可以在催眠結束前提醒個案恢復正常，以確定個案沒有遺留讓

身體不適的暗示。

對於外界的干擾，例如：電話、噪音等，治療師可以利用艾瑞克森取向的善用原則（utilization），把這些干擾轉化成正向的暗示，例如：當救護車警笛響起，治療師可以加入暗示內容：「有時候煩惱就會像這些聲音一樣慢慢消逝、遠離。」這樣就可以把這些外界干擾轉化成正向的暗示。當然，這些都必須留意觀察個案對干擾的反應，才能適時做出最合適的回應。

3. 不良、負向或帶有惡意的催眠暗示

在催眠治療中，我們可以將個案的部分行為或認知視為是某種負向自我暗示下的結果，例如：我是個一無是處的傢伙，我是個胖子……等等。同樣地，如果治療師在催眠過程中，用一些負向的催眠暗示，也有可能會對個案造成傷害，特別是舞台上的催眠秀，常為了娛樂觀眾，而讓被催眠者做出一些平常不敢做的行為，例如：表演豔舞等。

雖然，我們認為即使在催眠中也很難強制要求個案做出不願意做的行為，但是個案卻很可能為了迎合治療師而這麼做，這樣可能對個案造成極大的傷害，同時破壞治療關係。所以治療師在提供催眠暗示之際，必須留意個案的反應，不可以強加不良或負向的催眠暗示。

有些兒童個案如果曾經遭遇過親人的死亡，而其他親人卻告訴他們：「爺爺（或某某人）睡著了」，在這樣的情形下，他們可能會對催眠中的「你會深深地睡著」這類的字眼產生極大的恐懼，擔心自己會不會也像逝去的親人一樣。這時治療師就必須更換字眼，以免影響個案的安全感。同樣的情形也適用於成人，假

若個案曾經有溺水或其他創傷經驗，催眠時就要注意避開這類的字眼，以免適得其反，讓個案產生更大的恐懼。

4. 過度誇大的效果：

催眠不是萬靈丹，催眠固然可以幫助個案放鬆，突破過去心靈的限制，找到新的問題解決途徑，卻不代表催眠能夠無中生有。所以，個案可以因為催眠而增進對自己成功的信心，可以慢慢消除對水的恐懼，但不代表催眠後的個案一定會成功，也不代表接受催眠後，旱鴨子就能變成水中蛟龍。這都是對催眠過度誇大且不切實際的想法，對個案不但沒有幫助，反而容易加深挫折感。

5. 不宜進行催眠的個案：

雖然同樣的治療工具在不同的治療師手上會有不同的效果，但是對某些個案進行催眠的風險較高，例如：人格違常、精神分裂症的患者等。因為這類患者已經常常分不清楚現實與想像，所以在進行治療時，要特別留意。如果真的要對這些個案進行催眠治療，也必須特別留意這些個案本身的症狀和催眠所要引導的現象是否有衝突的可能。例如：在引導中告訴一個本身有幻聽的精神分裂症患者：「你會聽到一些特別的聲音」，有可能會讓個案產生更多的幻聽，故宜加以避免。

值得注意的是，有些情形不見得適合催眠治療，下面列出幾點催眠治療的禁忌：

（1）可能會導致個案陷入生理上的風險。

（2）可能會加重現有的情緒問題或產生新的問題。

（3）個案要求接受催眠，僅是為了「好玩」而想體驗催眠。

（4）個案的問題用其他方法來處理會比用催眠治療更有效。

（5）診斷有誤，真正的問題需要用其他方法來加以處理。

6. 治療師的權力問題警訊

除了一些針對個案的注意事項之外，對治療師本身而言，也有些必須要警惕留意的地方。歐芮（Orne）列舉出一些催眠治療師的警訊，提醒治療師注意在催眠引導中有關權力的問題：

（1）將催眠用在所有個案：

當治療師一體適用地對所有個案都進行催眠時，這代表治療師沒有審慎考量個案是否真的有必要進行催眠。正如俗諺所云：「當你手上只有榔頭的時候，任何東西看起來都像釘子」。如果治療師只有催眠這項治療工具，那麼他就只能依賴催眠，這會讓那些不適合接受催眠的個案也被迫接受催眠，導致不良結果。

（2）沉溺於催眠引導，勝過關注其有效性：

治療師只在乎對個案的催眠引導，卻忽略了這麼做對個案的效果和反應，變成治療師一個人唱獨腳戲。

（3）過份注重催眠深度：

在治療中個案進入催眠的深度不必然和治療效果有關，但是有些治療師卻太在乎有沒有讓個案進入最大的深度，而忽略考量這樣是否對個案有利。

（4）害怕個案假裝進入催眠：

當治療師對催眠引導效果患得患失時，就忽略了個案假裝進入催眠狀態所代表的意義──是否個案還沒有做好準備？是否個案想討好治療師？這些都遠比個案是否真的進入催眠還要重要。

（5）將催眠引導作為意志力的測試：

很多人都誤以為催眠是由治療師掌控的過程，因而產生比較治療師功力優劣的想法。這樣的想法，很容易使催眠過程變成一種權力的拔河。催眠治療並不是治療師和個案之間比賽，看誰比較厲害（一個要讓對方進入催眠，一個則是努力不讓自己被催眠），而是製造雙贏關係。因此要提醒治療師，如果個案並沒有呈現出預期的催眠現象，例如：給予手臂飄浮的引導，手臂卻無法抬起，或是個案說自己沒感覺，這些都不應該視為失敗，因為催眠現象並不是我們關注的重點，每個人所適合的引導類型也不盡相同，隨時根據個案的反應，來修正下一步驟，才是一個好的催眠治療師成功助人的關鍵。

（6）特別關注在催眠上具吸引力的個案：

催眠過程中往往會出現很多另人感到驚奇的現象，有時甚至連治療師都會被吸引。當治療師對於能表現更多特殊催眠現象的個案有較大興趣時，代表了治療師已經將焦點放在催眠現象，而非個案身上，這對治療和個案來說都不是好事。

很多人在進行催眠治療時，常常把焦點放在個案是否進入催眠？催眠的深度如何？出現了哪些催眠現象？這樣做反而忘記了治療的重點在幫助個案改變，催眠只不過是「方法」和「工具」，而不是「目的」。在進行催眠治療時，治療師要特別提醒自己：「千萬不要為催眠而催眠」。很多人學習到催眠之後，過度迷信催眠的效果，且因為自身對催眠充滿了好奇，因而在進行催眠時，焦點並不是放在如何幫助個案改變，而是透過催眠來滿足自己的好奇心或成就感。如果因而忽略個案的感受，既不應該，也有違專業倫理。

〔第三節〕踏入催眠與心理治療領域——給新手的建議

　　前文曾強調，催眠治療最好是由受過心理衛生專業訓練的人員進行，因此，如果想踏入催眠治療的領域，自然是先修習過心理衛生相關專業課程為優。畢竟，催眠治療絕對不是光使用催眠暗示簡單說一說，問題就可以解決，心理治療有那麼多學派，正反映了心理治療工作有著高度的複雜性。

　　有些學者認為，催眠只是心理治療的一種技巧而已，這樣的概念，隱含著治療師心中存在著一張地圖，引導著個案和治療師走向問題解決的那一端，而這張地圖，就是治療師治療取向的前提假設。心理衛生專業課程，就是讓治療師具有找到個案問題和問題解決方向的基礎。如果沒有經過這樣的課程訓練，治療師勢必要走更多的冤枉路，甚至有可能帶領個案走錯方向。

　　對於已經取得心理衛生專業資格的人員，要如何學習催眠治療呢？其實，國內外都有相關專業學會或協會舉辦相關工作坊，這些由專業人員所舉辦的工作坊都是可以參考的學習管道。要提醒的是，這些專業組織提供的工作坊只有時數研習證明，並不會授予催眠治療師證照。

臺灣：
・華人心理治療研究發展基金會　　https://www.tip.org.tw/
・華人艾瑞克森催眠治療學會　　　http://www.erickson.org.tw/

國外：

‧艾瑞克森基金會（The Milton Erickson Foundation）

http://www.erickson-foundation.org/

‧美國心理學會（American Psychological Association, APA）

第三十分會「心理催眠學會」

（Society of Psychological Hypnosis）

http://psychologicalhypnosis.com/

‧美國臨床催眠學會（American Society of Clinical Hypnosis）

http://www.asch.net/

‧臨床與實驗催眠學會（Society for Clinical and Experimental Hypnosis）

http://www.sceh.us/

‧國際催眠學會（ International Society of Hypnosis）

http://www.ishhypnosis.org/

　　許多剛接觸臨床催眠的初學者，往往會對艾瑞克森取向催眠治療感到神乎奇技，但卻難以捉摸，不易仿效。因為艾瑞克森不希望後世的學習者被他的作法所限，所以沒有將他的實務經驗整理成一個完整的理論架構與模式。雖然從目前流行的後現代主義心理治療取向來看，艾瑞克森具有前瞻性的眼光，但是確實增加了學習的難度。

　　建議初學者不妨先從自己熟悉的心理治療取向著手，因為常見的心理治療取向（例如：認知行為取向、精神動力取向等）也應用催眠技巧。學習者可以從這些特定取向的臨床催眠開始學習，將催眠作為治療技巧之一，這樣會更容易上手。然後，再閱

讀艾瑞克森取向的相關著作、參加相關工作坊訓練，相信可以學習得更順利。

　　本書附錄中列舉了中文參考書目，建議有興趣進一步瞭解催眠治療和艾瑞克森取向的讀者，可進一步延伸閱讀（詳見附錄三）。

　　很多心理衛生專業人員一開始踏入催眠治療領域時，往往不知如何運用催眠幫助個案，在此提出幾點建議供新手參考：

1. 釐清目的是催眠？或是助人？

　　有些號稱「艾瑞克森取向」的文獻或訓練，常灌輸一個概念：一個人必須身為催眠師才能深入瞭解艾瑞克森取向。這是個誤解！從本質來看艾瑞克森，他是個不折不扣的心理治療師，身為一位精神科醫師，他用了許多不同的技巧、方法和步驟，幫助人們解決問題。催眠是一種主要的工具，但絕不是唯一的方法，艾瑞克森取向治療是廣闊且有彈性的，所以新手不要被催眠所侷限或困惑，助人才是真正的目的。

2. 找出自己的助人風格！

　　艾瑞克森曾擔心，他的方法若被加以整理且具體化，治療師學習這些具體的步驟後，有可能會僵化地應用這些步驟。若真如此，他們就不會針對個案的個別差異和需求加以回應，他們僅會機械式地模仿艾瑞克森，而不去延伸或發展出屬於他們自己的治療步驟與方法。艾瑞克森對後學者的勉勵是：「發展屬於你自己的技巧，不要試著去用別人的技巧……不要模仿我的聲音或是我的節奏。去找出你自己的，做原來的你自己。這是對另外一個個體的個別回應……我曾經嘗試東施效顰。結果是一團混亂！」

3. 完美並不是適當的治療目標

艾瑞克森主張不要將治療目標設定為治癒個案，他甚至於對追求完全治癒而衍生的問題提出警告。相反地，艾瑞克森將焦點放在促進個案健康上，他認為治療的前提是相信生命中的痛苦都能夠得到舒緩，雖然生命中有許多不可避免的苦難，卻不需要去逃避。苦難事件可以被視為是一個麻煩、一個問題，相對地，也可以是一個挑戰、一個改變的契機。因此，他認為個案不需要去追求一個完美的目標，只需追求小小的進步，就能夠改善當下的狀況。而一個細微的獲益往往可以導致其他未曾預期的結果，一連串的結果甚至可以促成出乎意料的改變。

艾瑞克森的一生啟示我們：生命需要努力奮發，相信生命的潛能。艾瑞克森在治療中很少用到負面語言，他用鼓舞的方式鼓勵個案積極參與治療過程。在此，我們也誠摯地鼓勵你積極地踏出成功的第一步！

【附錄一】簡單的自我催眠技巧

簡易自我催眠技巧

1. **想像一個能夠讓你非常放鬆的情境：**

   可以是你過去曾有的經驗，也可以是想像的情境。

   ※千萬不要勉強自己去想像其實不喜歡的地方，完全依你個人的感受來決定。

   ※一些可以參考的情境，例如：美麗的海灘、碧綠的草地、家中的大床等等。

2. **仔細想像（或回想）情境的細節：**

   可以透過五種表象系統來描述，分別是：視、聽、觸、味、嗅五種感覺。

   ※盡量描述這些細節或最能讓你放鬆的表象系統，例如：陣陣海風徐徐吹來、溫暖的陽光照在皮膚上非常暖和舒服⋯⋯。盡量使用能讓你感覺到放鬆的正向暗示，例如：等下我清醒過來會覺得非常舒服、非常愉快⋯⋯。

3. **喚醒自己，並回想剛才的經驗**

   ※喚醒的過程類似催眠清醒的過程，只要告訴自己：會慢慢清醒過來，醒來後會非常舒適⋯⋯。然後再做幾個深呼

吸,讓全身的每一條肌肉和每一個細胞都帶著這種舒適且
補充滿能量的感覺慢慢清醒過來。

※如果在過程中,遇到電話或門鈴響等干擾,不要急著馬上
去反應,可以先給自己幾個深呼吸,告訴自己慢慢清醒過
來,張開眼睛之後,微微伸展一下身體,再去處理,對肌
肉和神智的影響才會降到最低。

※如果在處理完事情之後,覺得剛才的過程沒完全處理好,
可以再重新練習一次,讓自己把從放鬆到清醒的過程再重
來一次。

4. 平日時常練習

手臂飄浮技巧

過去大多將手臂飄浮這樣的技巧用來作為展現催眠現象的一
種技巧,但是,如果將這個技巧修改為自我催眠技巧,反而會有
更好的效果。施行步驟如下:

1. 坐在一張沒有扶手但是有靠背的椅子上,雙手放在大腿
   上。
2. 想像自己雙手中的其中一隻手(以慣用手為主)慢慢變
   輕,逐漸往上飄浮,且往自己的臉頰靠近。
3. 當這隻飄浮手碰到自己的臉頰時,就可以讓自己進入完全
   放鬆的催眠狀態。

※這個方法的特殊處在於這個手臂上飄的過程能夠讓自己把焦點放在體驗的層面，而非意識的層面。如果意識層面的雜念太多或過於刻意用意識層面讓手臂飄浮，手臂的感覺就會完全不同。練習時不需要像練習其他方法一樣記下過程為何，就只要讓手臂慢慢往上飄即可。在治療師示範或指導下，這個方法在自我練習時成功的機會比其他方法高出許多。

【附錄二】催眠與心理治療的倫理指導方針

　　根據美國艾瑞克森基金會於1999年所公佈之「艾瑞克森取向催眠與心理治療訓練指導方針」，整理出以下催眠治療的專業倫理原則，有志從事專業催眠助人工作者，在從事催眠工作時，必須遵守這些倫理原則。對一般讀者而言，如果想要尋求催眠治療的專業協助，這些原則也有助於讓讀者檢核自己的催眠治療師是否遵行倫理原則，以保護自己不受到傷害。

1. 哪些人該接受訓練？

　　訓練課程的對象主要為（1）醫療或心理衛生相關領域的專業人員，例如：醫師、心理師、牙醫，或各相關專業組織的會員。（2）碩士級（含）以上的研究生，包括：心理諮商、社會工作、護理和牧靈諮商等。研究生需有其系所核發的在學證明方能接受訓練，參與各地的訓練計畫必須遵守當地對於心理衛生相關領域執照或認證標準之規定。

2. 不可造成危害（Do No Harm）

　　治療師必須清楚覺知到自身的傾向和限制，無論如何都不可危及個案的福祉。每位個案都應被鼓勵朝向療癒的過程。探索和調整個案的苦難、心靈創傷時，治療師必須精熟相關專業技能，並小心謹慎。整個治療中都必須對個案的個人力量與完整性加以維繫與增強。任何的練習、功課或任務都不可以對個案或其他人

造成傷害。治療師必須瞭解自身的價值、宗教或政治觀點都不可以影響或干預治療目標。萬一有所衝突，個案應轉介給其他治療師。

3. 尊重（Respect）

必須尊重個案的希望、價值體系、信念、宗教、個人、身份與特質。

4. 法律考量（Legal Matters）

當治療工作面臨法律規範的約束時，需斟酌考量以下幾點。

（1）資格證明：治療師的資格證明應該要清楚且明顯地展示，包括了學位證書、相關證明和任何認證或證書。不論是有意或是無意，聲稱自己具有某些不存在的訓練、技巧、認證、經歷、專業技術都是不道德的。

（2）徵得同意：在進行催眠之前，你必須要確認個案對這方面的認識，以及任何他們可能會有的誤解或恐懼。只有在清楚向個案解釋催眠，且他們自主決定要進行催眠的情形下，治療師才可以執行催眠。在美國許多州，必須以書面方式取得事前同意，上面的用字遣詞必須精確且詳盡描述這段互動過程。替代的字詞，像是「引導心像」和「放鬆」只能在單獨採取這些技巧的時候使用。無論使用錄音或錄影都必須徵得個案的書面同意。同意書應該清楚聲明哪些人可以接觸到這些紀錄和這些紀錄的用途為何。假如有任何觀察者在場，不論是在同一房間、單面鏡後面或在另一房間聆聽，都必須告知個案並獲得允許。

　　（3）保密：個案與治療師的治療關係是一種特殊的權利關係，其權限受到法律約束和規範。一般來說，紀錄和檔案是不能公開的，除非在個案研討會、督導或需要出庭作證的情形下，否則不可以討論特定個案。這些討論是基於個案的利益下進行，然而，督導和參與個案研討會的成員也同樣被要求保密。所以個案的紀錄與檔案都應謹慎保存，以防無意間的洩漏。

　　（4）未成年人：任何與未成年人的治療工作都最好徵得父母親、其中一方或是法定監護人的同意，也最好以書面方式簽寫同意書。

　　（5）治療上的轉介：當個案所呈現的問題已經超越你的專業時，應該要將個案轉介給其他治療師。

　　（6）醫療上的轉介：治療師必須對個案心理問題可能引發的生理症狀保持敏銳覺察。若經評估後需要醫療的協助，須立刻要求個案接受醫師的諮詢。催眠常應用在疼痛控制上，更要小心使用，假如個案正在接受醫療中，最好和個案的醫師保持密切聯繫。

5. 費用

需要瞭解同業的行情，並清楚列出收費方式。

6. 將催眠用於娛樂

　　催眠在科學與臨床上應用是一項攸關人類健康的重大貢獻，不應將之作為一種娛樂的來源。臨床實驗與催眠學會（SCEH）聲明任何成員都不得基於大眾娛樂的目的提供催眠服務或是與人合作、經銷大眾娛樂，也不可以在演講、示範或公開場合中和他人合作。催眠應該僅由專業人士為專業目的所使用。

7. 廣告

臨床實驗與催眠學會倫理守則強調：「所有SCEH的成員都不可以經由報紙、收音機、電視或是其他類似媒體提供他們在催眠上的專業。」電話簿和專業名錄上應該審慎註明所提供的服務、訓練、認證、專業證書、專業資格。這原則也適用於名片、宣導手冊或簡介上。臨床實驗與催眠學會倫理守則對於出版和出版物強調：「本會成員在一般公開發行或是出現在廣播、電視及相關媒體的陳述或是發表文章都應該遵守相關專業學會的規範及倫理守則。」更進一步來說，「所有成員……都應該運用他們的影響力和聲望來避免與催眠相關誇大不實的敘述。」

8. 專業關係

治療師需要避免與現在、過去的個案或學生有利害關係、性關係或任何多重關係。

9. 結案

在不危及保密原則與他人權利的情況下，個案有權力在任何時間結束專業治療關係。此外，治療師必須尋求一個有計劃且雙方均認可的結案歷程，並將個案未來的需求列入考量。

【附錄三】延伸閱讀

艾瑞克森取向書籍：

● 《不尋常的治療：催眠大師艾瑞克森的策略療法》（2012），
海利（Haley, J.），心靈工坊。
這本書可說是把艾瑞克森介紹給世人的一本重要著作。海利跟
隨著艾瑞克森多年，加上他自己是相當重要的策略家族治療大
師，所以想要更加瞭解艾瑞克森取向心理治療的概念，閱讀這
本書準沒錯。

● 《催眠之聲伴隨你：催眠諮商大師艾瑞克森的故事與手法》
（2012），艾瑞克森、羅森（ Erickson, M. H. & Rosen, S.），
生命潛能。
這本書可說是最易上手、最易閱讀的艾瑞克森取向的書籍，書
中有許多著艾瑞克森的催眠與策略治療小故事，強力推薦。

● 《艾瑞克森催眠治療理論》（2009）吉利根（Gilligan, S.
G.），北京，世界圖書公司。
這本書是艾瑞克森的學生吉利根（Steven Gilligan）對於艾瑞克
森取向的詮釋。是少數完整介紹艾瑞克森取向催眠治療的理論
著作。雖然成書年代頗久，但非常有參考價值。只可惜有兩個
遺憾：第一，這本的中譯本目前只有簡體字版。第二，簡體中
文版翻譯仍有些地方不盡理想。

● 《跟大師學催眠：艾瑞克森治療實錄》（2004），薩德（Jeffrey K. Zeig），心靈工坊。

● 《艾瑞克森：天生的催眠大師》（2004），薩德（Jeffrey K. Zeig），心靈工坊。

　以上兩本書都是薩德博士跟隨艾瑞克森學習的心血結晶，雖然這是屬於薩德博士較早期的作品，但是仍不損這兩本書的重要價值。

● 《神奇實用的N.L.P.：從NLP入門到臨床心理》（1997），藍克頓（Lankton, S. R.），世茂。

　藍克頓對於艾瑞克森取向有著相當程度的研究與體認，這本書是他橫跨艾瑞克森取向和神經程式語言學兩個關係密切療法的著作。另外，世茂出版社有出一系列的NLP神經程式語言學的書籍，也可以參考，但是其中許多都已經絕版。

● 《催眠天書：近代催眠巨匠傳世鉅著──艾瑞克森的催眠模式》（1997），葛瑞德，班德勒（Grinder, J. & Bandler, R.），世茂。

● 《催眠天書：近代催眠巨匠傳世鉅著──艾瑞克森的催眠模式 II》（1997），葛瑞德、班德勒，帝樂斯（Grinder, J., Bandler, R., & Delozier, J.），世茂。

　以上兩本的書籍均已絕版，但是許多圖書館還是可以找到，這也是神經程式語言學（NLP）兩位創始者對艾瑞克森治療的詮釋。從這兩本書可以看出艾瑞克森的影響和語言模式。

催眠理論相關書籍：

● 《記憶vs.創憶：尋找迷失的真相》（2010），勒弗特斯、凱特青（Loftus, E. & Ketcham, K.），遠流。
若想瞭解記憶的風險，有興趣者不妨進一步參考本書，裡面對於虛假記憶有相當深入的探討。

● 《催眠：心靈的祕密》（2005），史崔特（Streeter, M.），合記。
這本是寫給一般大眾閱讀的，所以對於催眠有疑問的讀者，可說是最適合的閱讀書籍。

● 《自我健康催眠》（1999），費雪（Fisher, S.），生命潛能。
作者對於催眠在臨床上的實際應用有相當多的描述與個案分享，想要瞭解國外將催眠應用於心理治療以及醫學上的輔助，這本書會是不錯的選擇。

● 《催眠治療理論與實施》（1997），劉焜輝，天馬。
劉教授這本是目前少數提到催眠理論的中文書籍，其他的書籍幾乎都沒有真正說明催眠的相關理論，想要從學理上更深地瞭解催眠的讀者，不妨參考一下。

【附錄四】 參考文獻

　　為了方便閱讀，我們在這本書中並沒有像學術著作那般把所引用的文獻繁瑣的加註，但我們希望讀者在閱讀這本書之後，如果對艾瑞克森取向催眠治療有進一步興趣，可以更深入閱讀，故列出相關英文文獻如下。

關於艾瑞克森取向

● Bandler, R., & Grinder, J. (1975). Patterns of the hypnotic techniques of Milton H. Erickson, M.D. (Vol. 1). CA: Grinder & Associates.

● Battino, R., & South, T. L. (1999). *Ericksonian approaches: A comprehensive manual*. Wales, UK: Crown House.

● Erickson, M., Hershman, S., & Secter, I. (1961). *The practical application of medical and dental hypnosis*. New York, NY: Brunner/Mazel.

● Erickson, M. H. (2006). Life reframing in hypnosis: *The seminars, workshops, and lectures of Milton H. Erickson*. Phoenix, AZ: The Milton H. Erickson Foundation Press.

● Rossi, E. L., Erickson-Klein, R., & Rossi, K. L. (Eds.). (2008). *The collected works of Milton H. Erickson, M.D.* (Vol. 1). Phoenix, AZ: The Milton H. Erickson Foundation Press.

- Erickson, M. H., & Rossi, E. L. (1979). *Hypnotherapy: An exploratory casebook.* New York, NY: Irvington.

- Erickson, M. H., & Rossi, E. L. (1981). *Experiencing hypnosis: Therapeutic approaches to altered states.* New York, NY Irvington.

- Erickson, M. H., & Rossi, E. L. (1989). *The February man: Evolving consciousness and identity in hypnotherapy.* Levittown, PA: Brunner/Mazel.

- Erickson, M. H., Rossi, E. L., & Rossi, S. I. (1976). *Hypnotic realities: The induction of clinical hypnosis and forms of indirect suggestions.* New York, NY: Irvington.

- Gilligan, S. G. (1987). *Therapeutic trances: The cooperation principle in Ericksonian hypnotherapy.* Levittown, PA: Brunner/Mazel.

- Grinder, J., & Bandler, R. W. (1983). *Reframing: Neurolinguistic programming and the transformation of meaning.* Moab, UT: Real People Press.

- Grinder, J., Delozier, J., & Bandler, R. (1977). *Patterns of the hypnotic techniques of Milton H. Erickson, M.D.* (Vol. 2). CA: Grinder & Associates.

- Haley, J. (1986). *Uncommon therapy.* New York, NY: W. W. Norton.

- Havens, R. A. (2003). *The wisdom of Milton H. Erickson.* Wales, UK: Crown House.

- Havens, R. A., & Walters, C. (1989). *Hypnotherapy scripts: A neo-Ericksonian approach to persuasive healing*. Levittown, PA: Brunner/Mazel.

- Lankton, C. H. (1985). Elements of an Ericksonian approach. In S. R. Lankton (Ed.), *Elements and dimensions of Ericksonian approach* (pp. 61-75). Levittown, PA: Brunner/Mazel.

- Lankton, S. (2004). *Assembling Ericksonian therapy*. Phoenix, AZ: Zeig, Tucker, & Theisen.

- Lankton, S. R., & Lankton, C. H. (1983). *The answer within: A clinical framework of Ericksonian hypnotherapy*. Levittown, PA: Brunner/Mazel.

- O'Hanlon, W. H. (1987). *Taproots. New* York, NY: W.W. Norton.

- Yapko, M. D. (2003). *Trancework*. New York, NY: Brunner-Routledge.

- Zeig, J. K. (1985). *Experiencing Erickson: An introduction to the man and his work*. New York, NY: Brunner/Mazel.

- Zeig, J. K. (Ed.). (1994). *Ericksonian methods: The essence of the story*. Levittown, PA: Brunner/Mazel.

- Zeig, J. K. (Ed.). (2002). *Brief therapy, lasting impressions*. Phoenix, AZ: The Milton H. Erickson Foundation Press.

- Zeig, J. K., & Lankton, S. R. (Eds.). (1988). *Developing Ericksonian therapy: A state of the art*. Bristol, PA: Brunner/Mazel.

- Zeig, J. K., & Munion, W. M. (1999). *Milton H. Erickson.* London, UK: Sage.
- Zeig, J. K. (2006). *Confluence: The selected papers of Jeffrey K. Zeig* (Vol. 1). Phoenix, AZ: Zeig, Tucker, & Theisen.

關於催眠治療

- Barabasz, A., & Watkins, J. G. (2005). *Hypnotherapeutic techniques* (2nd ed.). East Sussex, UK: Brunner-Routledge.
- Burrows, G. D., Stanley, R. O., & Bloom, P. B. (Eds.). (2001). *International handbook of clinical hypnosis.* Hoboken, NJ: John Wiley & Sons.
- Crasilneck, H. B., & Hall, J. A. (1985). *Clinical hypnosis: Principles and applications* (2nd ed.). Needham Heights, MA: Allyn & Bacon.
- Elman, D. (1964). *Hypnotherapy.* Glendale, CA: Westwood.
- Hammond, D. C. (Ed.). (1990). *Handbook of hypnotic suggestions and metaphors.* New York: W. W. Nortion.
- Heap, M., & Aravind, K. K. (2002). *Hartland's medical and dental hypnosis.* London, UK: Churchill Livingstone.
- Kirsch, I., Capafons, A., Caredna-Buelna, E., & Amigo, S. (Eds.). (1999). *Clinical hypnosis and self-regulation: Cognitive-behavioral perspectives.* Washington, DC: American Psychological Association.

● Kohen, D. P., & Olness, K. (2011). *Hypnosis and hypnotherapy with children* (4th ed.). New York, NY: Routledge.

● Kroger, W. S. (2008). *Clinical and experimental hypnosis in medicince, dentistry, and psychology.* Philadelphia, PA: Lippincott Williams & Wilkins.

● Lynn, S. J., & Kirsch, I. (2006). *Essentials of clinical hypnosis.* Washington, DC: American Psychological Association.

● Lynn, S. J., Kirsch, I., & Rhue, J. W. (Eds.). (1996). *Casebook of clinical hypnosis.* Washington, DC: American Psychological Association.

● Lynn, S. J., Rhue, J. W., & Kirsch, I. (2010). *Handbook of clinical hypnosis* (2nd ed.). Washington, DC: American Psychological Association.

● Nash, M. R., & Barnier, A. J. (Eds.). (2008). *The Oxford handbook of hypnosis.* New York, NY: Oxford University Press.

● Rhue, J. W., Lynn, S. J., & Kirsch, I. (Eds.). (1993). *Handbook of clinical hypnosis.* Washington, DC: American Psychological Association.

● Scheflin, A. W., & Shapiro, J. L. (1989). *Trance on trial.* New York, NY: Guilford.

● Spiegel, H., & Spiegel, D. (2004). *Trance and treatment: Clinical uses of hypnosis* (2nd ed.). Arlington, VA: American Psychiatric Publishing.

● Yapko, M. D. (1995). *Esseintials of hypnosis*. New York, NY: Routledge Taylor & Francis Group.

● Yapko, M. D. (Ed.). (2006). *Hypnosis and treating depression*. New York, NY: Routledge.

心靈工坊 PsyGarden

探訪幽微的心靈，如同潛越曲折邃迤的河流
而對無法預期的彎道或風景，時而煙波浩渺，時而萬壑爭流
留下無數廓清、洗滌或抉擇的痕跡
只為尋獲真實自我的洞天福地

艾瑞克森
【天生的催眠大師】
作者－傑弗瑞．薩德
譯者－陳厚愷　定價－280元

艾瑞克森是自然催眠法的先驅者，為催眠治療在學術領域中取得了合法地位。
他顛覆傳統的教學方法，奠定了艾瑞克森學派的基礎。
他面對身體殘障的積極態度，鼓舞病人欣賞生命的挫敗。
他善用軼事治療，與病魔奮戰的一生就是最具療效的故事。

跟大師學催眠
【米爾頓．艾瑞克森治療實錄】
作者－傑弗瑞．薩德
譯者－朱春林等　定價－450元

整合催眠與心理治療的艾瑞克森，以趣聞軼事作為教學手法與治療工具，並有效運用自然、正式催眠，讓學生或個案打破僵化的自我設限。艾瑞克森深具影響力，他對心理治療實務的貢獻，實等同於佛洛伊德在心理治療理論的貢獻。

朵拉
【歇斯底里案例分析的片斷】
作者－佛洛伊德
譯者－劉慧卿　定價－240元

少女「朵拉」這個案例在精神分析史上佔有重要地位。對歇斯底里、夢、雙性特質、轉移關係等主題，均做了重點探討，佛洛伊德企圖將畢生致力發展的理論，集中在這篇案例之中。透過此案例，他將理論植基於臨床素材，並交織於臨床經驗之中。

論女性
【女同性戀案例的心理成因及其他】
作者－佛洛伊德
譯者－劉慧卿、楊明敏　定價－180元

佛洛伊德為女同性戀提出理論說明，成為後續精神分析對女性心性發展闡釋的前導。本書結集佛洛伊德以女性為主題的文稿，期望帶領讀者進一步瞭解女性與精神分析的糾葛。

佛教與心理治療藝術
作者－河合隼雄
譯者－鄭福明、王求是　定價－220元

河合隼雄深刻地反思成為榮格心理分析師的歷程，及佛學如何提升了其心理分析實踐。作者也揭示了「牧牛圖」如何表達了自性化過程，充分展示一位東方人對人類心靈的獨特理解。

日本人的傳說與心靈
作者－河合隼雄
譯者－廣梅芳　定價－340元

「浦島太郎」、「鶴妻」等傳說不只富涵神祕與想像色彩，更蘊含了日本人獨特的自我形成過程。作者藉著比較日本和世界各國故事的異同，從心理學角度探討屬於日本的特有文化。

沙遊療法與表現療法
作者－山中康裕
譯者－邱敏麗，陳美瑛　定價－300元

本書淺入深地介紹沙遊療法的理論與技術，並比較此療法在東、西方的差異。藉由真實個案的討論及繪畫作品的展現，作者將從事沙遊及表現療法三十七年的實務經驗網羅於本書中。

兒童精神分析
作者－梅蘭妮．克萊恩
譯者－林玉華　定價－450元

在本書中的第一部分，克萊恩以其臨床實務經驗，描述孩童的精神官能症、導因與對客體的施虐衝動所引發的焦慮和罪惡感。第二部分略述她奠基於佛氏之思路所延展出的理論架構。

支持性心理治療入門

作者－阿諾・溫斯頓、李察・羅森莎、亨利・品斯克
譯者－周立修、蔡東杰等
審閱－周立修、蔡東杰 定價－240元

支持性心理治療是當今最廣泛使用的個別心
理治療模式。本書完整詳述此治療法的基本
架構，包括適應症、治療之分期、如何開始
及結束治療、專業的界限，也探討了移情、
反移情等治療關係議題。

嫉羨和感恩

作者－梅蘭妮・克萊恩
譯者－呂煦宗、劉慧卿 定價－550元

偏執－類分裂心理位置及憂鬱心理位置是克
萊恩所創的最重要概念，本書收集了她在此
創新概念下的著作。書中論文有些是關於分
析技術的，有些則探討較廣泛性的精神分析
主題。

長期精神動力取向心理治療
【基本入門】

作者－葛林、嘉寶
譯者－陳登義 定價－350元

本書介紹長期精神動力取向心理治療的基本
原理，聚焦在與成人進行的個別治療工作
上，涵蓋了基本精神動力原理、病人的評
估、開始到結束治療、處遇、目標及治療作
用、阻抗、反移情，以及幻想／夢等課題。

史瑞伯
【妄想症案例的精神分析】

作者－佛洛伊德
譯者－宋卓琦 審閱－宋卓琦 定價－180元

佛洛伊德超越史瑞伯的妄想內容表象，深入
心性發展的核心過程，為妄想症的形成機轉
提出極具創見的論述，並啟發日後的性別認
同、女性情結、生殖、生死及存在等議題之
研究。

鼠人
【強迫官能症案例之摘錄】

作者－佛洛伊德
譯者－林怡青、許欣偉 定價－260元

佛洛伊德透過本案例曲折精采的分析過程，
闡明了父子之間的愛恨糾葛如何在愛情、移
情和反移情當中盤錯交織，堪稱伊底帕斯情
結在二十世紀初再現的精妙範例。

狼人
【孩童期精神官能症案例的病史】

作者－佛洛伊德
譯者－陳嘉新 審閱、導讀－蔡榮裕 定價－220元

狼人的焦慮之夢，迂迴地解開了他精神官能
症的迷團，當中有錯綜複雜的閹割恐懼、性
別認同、性誘惑等議題。其幼時的原初場景
是微不足道的平凡事件，還是心性發展的關
鍵時分？

兒童分析的故事

作者－梅蘭妮・克萊恩
譯者－丘羽先 審閱－樊雪梅 定價－750元

本作品詳述一名十歲男孩長達四個月的分析
歷程，並精闢地詮釋其畫作、遊戲和夢境。
讀者可藉由本書觀察治療過程的逐日變化與
延續性，更是探究兒童精神分析技巧的必備
書籍。

小漢斯【畏懼症案例的分析】

作者－佛洛伊德 譯者－簡意玲
審閱、導讀－林玉華 定價－240元

小漢斯三歲半時開始出現把玩陰莖的行為，
接著逐漸演變出對動物的畏懼症。透過漢斯
的父親為中介，佛洛伊德開始為這名五歲男
童進行分析。此案例報告所蘊含的具體臨床
經驗，印證了佛洛伊德在《性學三論》中所
勾勒的許多結論。

藥物與心理治療

作者－蜜雪、瑞芭、李查・巴隆
譯者－周佑達 定價－260元

合併藥物與心理治療的治療模式，在許多方
面已證實比單純的藥物治療有更好的療效。
本書針對整合式治療與分離式治療當中不同
階段所需要的基本能力，以漸進而全面的方
式，介紹其原則。

動力取向精神醫學
【臨床應用與實務［第四版］】

作者－葛林、嘉寶
譯者－李宇宙等 審閱－張書森 定價－1,200元

本書說明何謂精神動力學、以及其對現代精
神醫學有何貢獻的基本架構，並將生物精神
醫學的發現，融入對人類心智的臨床理論當
中。精神分析師、心理師、諮商師及臨床人
員必讀經典著作。

文化精神醫學的贈物
【從台灣到日本】

作者－林憲 譯者－王珮瑩
審閱－劉絮愷 定價－260元

林憲教授是台灣文化精神醫學研究的先驅。他
將過去六十年來台大醫院精神部所進行的社會
文化精神醫學研究結果，進行簡明扼要的總整
理，同時陳述了許多台日文化比較的成果，點
出本書「泛文化精神醫學」的主題。

榮格學派的歷史

作者－湯瑪士・克許 譯者－古麗丹、何琴等
審閱、導讀－申荷永 定價－450元

本書為世人描繪了一株分析心理學家族樹，
以榮格為根、蘇黎世的國際分析心理學協會
為主幹，各國的榮格學會為大小分枝，榮格
門生及傑出分析師、學者們，則化身成片片
綠葉高掛枝頭，在豐實的歷史回憶中，不斷
添增屬於它的生命力、創意、深度和廣度。

PsychoAlchemy 036

讓潛意識說話：催眠治療入門

Listen to Your Unconscious: An Introduction to Ericksonian Hypnotherapy

作者—趙家琛、張忠勛

出版者—心靈工坊文化事業股份有限公司

發行人—王浩威　總編輯—徐嘉俊

執行編輯—趙士尊　內頁排版—李宜芝　美術設計—羅文岑

通訊地址—10684台北市大安區信義路四段53巷8號2樓

郵政劃撥—19546215　戶名—心靈工坊文化事業股份有限公司

電話—02）2702-9186　傳真—02）2702-9286

Email—service@psygarden.com.tw　網址—www.psygarden.com.tw

製版・印刷—彩峰造藝印像股份有限公司

總經銷—大和書報圖書股份有限公司

電話—02）8990-2588　傳真—02）2290-1658

通訊地址—248新北市新莊區五工五路二號

初版一刷—2014年5月　初版四刷—2022年6月

ISBN—978-986-357-003-5　定價—280元

國家圖書館出版品預行編目資料

讓潛意識說話：催眠治療入門 / 趙家琛, 張忠勛作. -- 初版.
-- 臺北市：心靈工坊文化, 2014.05
面；　公分

ISBN 978-986-357-003-5(平裝)

1.催眠　2.催眠療法

175.8
103007630

心靈工坊 PsyGarden 書香家族 讀友卡

感謝您購買心靈工坊的叢書，爲了加強對您的服務，請您詳填本卡，
直接投入郵筒（免貼郵票）或傳真，我們會珍視您的意見，
並提供您最新的活動訊息，共同以書會友，追求身心靈的創意與成長。

書系編號－PT036　　　　　　書名－讓潛意識說話：催眠治療入門

姓名 _____　是否已加入書香家族？ □是 □現在加入

電話（公司） _____　（住家）_____　手機 _____

E-mail _____　生日　年　月　日

地址 □□□ _____

服務機構／就讀學校 _____　職稱 _____

您的性別— □1.女 □2.男 □3.其他

婚姻狀況— □1.未婚 □2.已婚 □3.離婚 □4.不婚 □5.同志 □6.喪偶 □7.分居

請問您如何得知這本書？
□1.書店 □2.報章雜誌 □3.廣播電視 □4.親友推介 □5.心靈工坊書訊
□6.廣告DM □7.心靈工坊網站 □8.其他網路媒體 □9.其他

您購買本書的方式？
□1.書店 □2.劃撥郵購 □3.團體訂購 □4.網路訂購 □5.其他

您對本書的意見？
封面設計	□1.須再改進	□2.尙可	□3.滿意	□4.非常滿意
版面編排	□1.須再改進	□2.尙可	□3.滿意	□4.非常滿意
內容	□1.須再改進	□2.尙可	□3.滿意	□4.非常滿意
文筆／翻譯	□1.須再改進	□2.尙可	□3.滿意	□4.非常滿意
價格	□1.須再改進	□2.尙可	□3.滿意	□4.非常滿意

您對我們有何建議？

_____

_____

□ 本人 _____（請簽名）同意提供真實姓名/E-mail/地址/電話/年齡/等資料，以作為
心靈工坊聯絡/寄貨/加入會員/行銷/會員折扣/等用途，詳細內容請參閱：
http://shop.psygarden.com.tw/member_register.asp。

心靈工坊
|PsyGarden|

台北市106 信義路四段53巷8號2樓

讀者服務組　收

免　　貼　　郵　　票

（對折線）

加入心靈工坊書香家族會員
共享知識的盛宴，成長的喜悅

請寄回這張回函卡（免貼郵票），
您就成為心靈工坊的書香家族會員，您將可以──

⊙隨時收到新書出版和活動訊息

⊙獲得各項回饋和優惠方案